나를 지키는 관계가 먼저입니다

나를 지키는 관계가 먼저입니다

안젤라 센

영국 공인심리치료사

쌤앤파커스

프롤로그

누구에게도 휘둘리지 않는 '나'를 위해

"나는 영국 국립의료원의 심리치료사입니다."

처음 만나는 사람들이 있는 모임에서 내 직업을 밝히면 자기 마음을 맞춰 보라며 농담을 던지는 사람들도 있지만 대부분은 비슷한 반응을 보인다. "와, 대단한데요!" 그러고는 좀처럼 속내를 드러내지 않는 영국인들이 갑자기 자신의 속사정을 쏟아내기 시작한다. '낯선 외부인'에서 갑자기 '인싸'가 되는 상황이다. 그들은 한 손에 와인 잔을 들고 빙 둘러서서 '심리치료 간증'에 동참한다.

"나도 작년에 상담을 몇 개월 받았어." 에밀리가 말한다. 공황장애가 있었다고 한다.

"전에는 개인 클리닉을 다녔는데 지금은 국립의료원의 상담소를 다니고 있어." 잊을 만하면 재발하는 우울증으로 간헐적 은둔 생활을 하는 루카스의 말에 쿠마르도 동참한다. "나도 거기서 몇 번 심리치료를 받았지. 이안, 너는?"

이 상황이 다소 낯선 듯 어색하게 서 있던 이안이 한 번도 심리치료를 받아 본 적이 없다고 대답하자, 모두 화들짝 놀라며 그에게 시선을 집중한다. "정말? 너 무슨 문제라도 있니?(Really? What's the problem with you?)"

문제가 없다고 하는 것이 오히려 문제라는 아이러니한 상황. 이 일화는 영국에서 심리치료가 더 이상 회피하고 감추어야 할 비정상의 낙인이 아니라는 것을 보여준다.

실제로 영국에서는 평균 5명 중 1명이 치료가 필요할 정도의 우울증이나 불안 증세를 겪고 있고, 청년층에서는 무려 2명 중 1명꼴로 치솟는다. 통계에 따르면 정신과 문제로 인한 영국의 경제적 손실은 연간 160조 정도로 나날이 그 부담이 커지고 있다. 이것은 비단 영국만의 문제일까?

자살률만 놓고 비교해 본다면 한국의 자살률은 영국의 3배가량 높다. 한국에서도 이제는 삶의 질에 더욱 관심이 커지고 대중적 요구도 크게 증가하여 정신건강 문제에 대해 쉬쉬하던 과거와는 달리, 심리치료에 대한 여러 정보가 각종 미디어를 통해 쏟아지고 있다. 대중의 수준과 기대는 이미 높아져 있지만 한국 의료계의 상황은 이에 부응하고 있을까? 보건복지부는 2013년 OECD의 권고에 따라 현재의 정신과 시스템을 분석하고 해결 방안을 모색했다. 당시 OECD가 한국 정부에 제시한 핵심 권고안은 바로 영국의 '아이앱트(IAPT)' 심리치료 모델을 도입하는 것이었다. '아이앱트'가 대체 무엇이기에 그런 권고를 한 것일까?

우리에게는 마음을 위한 치료법이 필요하다

영국 정부는 심리치료에 대한 수요에 비해 공급이 턱없이 부족한 상황에서 치료의 접근성을 높이기 위한 특단의 대책을 세운다. 그것이 바로 '인지행동 심리치료'를 중심으로 하는 공공 심리치료센터 아이앱트(Improved Access to Psychological Therapies)이다. 영국 정부는 아이앱트를 전역에 설립하여 정신 건강을 위한 돌봄과 사회 안전 그물망을 촘촘하게 조직하고, 누구나 무료로 이용할 수 있도록 했다. 이렇게 체계적으로 운영되는 대규모 상담센터를 정부가 직접 끌고 가는 사례는 세계 어디에서도 찾아보기 힘들다.

영국 국립병원은 100% 세금으로 직접 인력을 고용하고 서비스를 운영하기 때문에 심리치료사와 임상심리학자를 철저하게 검증하고 관리한다. 보건부가 인정하는 권위 있는 인증기관으로부터 자격을 취득한 전문가만이 아이앱트에서 활동할 수 있기 때문에 아이앱트는 일종의 '심리치료 품질 마크'인 셈이다. 전문적이고 체계적이면서 접근성도 편리한 아이앱트는 큰 호응을 얻어, 매년 160만 명이 찾는 영국의 '국민 상담소'가 되었다.

반면 한국의 상황은 어떠한가? 10년 전 OECD는 우리나라의 정신건강 실태가 영국 못지않게 위험한 단계라고 판단했다. 하여 아이앱트처럼 전문성과 접근성을 갖춘 체계적이고 조직적인 지역 치료센터를 권고하였는데, 많은 노력에도 불구하고 한국에는 아직 해결해야 할 난제가 남아 있다. 당장 한국에 아이앱트를 가져올 수 없다면 내가 지금 할 수 있는 일은 무엇일까? 나는 이 질문을 시작으로 한국 독자를 위한 자기 돌봄 책을 구상하게 되었다.

지난 15년간 나는 런던의 진료실에서 약 1,500명의 내담자와 1만 5,000시간 이상을 보냈다. 1시간에 1명씩 밀도 있게 상담하고 보살피는 것은 의미 있고 보람 있는 일이지만, 좀 더 많은 사람들에게 도움이 되는 다른 방법도 찾고 싶었다. "1시간에 1명이 아니라 1시간에 10명, 100명에게 도움이 될 수는 없을까?"

영국의 아이앱트를 그대로 한국에 적용하는 것은 어려운 일이지만 맛보기는 가능하다는 생각이 들었다. 실제로 나는 한국어가 가능한 몇 안 되는 영국 공인심리치료사가 아닌가. 지금까지의 오랜 임상 경험과 심리 상담을 바탕으로 많은 사람들이 필요로 하는 일상의 심리 테크닉을 실용적이고 구체적으로, 누구나 쉽게 실천

할 수 있도록 엮고 싶었다. 이렇게 도달한 주제가 '휘둘리지 않고 나를 지키는 건강한 소통의 기술'이다.

우리는 살면서 관계에 치이고 소통의 문제를 겪으며 상처를 받는다. 런던의 상담실에서 만났던 많은 사람들도 그러했다. 내담자들의 출신지는 무려 50개국 이상으로 만 18세에서 최고령 92세에 이르렀는데, 그들은 나이와 국적, 성별을 불문하고 비슷한 고민을 갖고 있었다. "나는 왜 이렇게 휘둘리는 걸까요?"

그리고 이 질문은 비슷한 어려움을 지나온 내 어린 시절의 상처를 비춘다. 작고 낮은 목소리는 나를 괴롭히던 (수많은) 콤플렉스 중 하나였다. '목소리 큰 사람이 이긴다'는 단순한 게임의 규칙에 따라 늘 지는 쪽은 나였다. '울면 진다'는 규칙에도 불리해서 제대로 싸워 보기도 전에 지는 일이 허다했다. 이렇다 보니 큰소리를 내야 하는 장소나, 다른 사람과 부딪히는 상황은 알아서 피하게 되었다. 타인을 불편하게 할까 봐 나의 요구는 묵살한 채 상대의 요구에만 귀를 기울이는 일도 잦아졌다. 불리하기만 한 싸움과 잇따른 패배감을 피하기 위해 내세운 일종의 자기 보호였던 것이다.

하지만 이 생존법은 애초에 지속할 수 있는 작전은 아니었다. 끊임없이 나를 깎고 누르면서 속으로만 불태웠던 전의는 결국 내 자존감을 잿더미로 만들었다. 나를 지키기 위한 것이라고 생각했던 방법이 나를 지키지 못했던 것이다. 큰소리로 상대를 몰아붙이며 울지 않고 버티면 이기는 것처럼 보이는 게임에서, 휘둘리지 않고 나를 지키려면 어떻게 해야 할까?

나를 지키는 관계와 소통의 기술

많은 사람들이 관계와 소통에서 자신의 성격을 탓한다. 타고난 성격 때문에 할 말도 못하고 자꾸 휘둘린다는 것이다. 하지만 소통 능력은 타고나는 성격이 아니라 후천적으로 습득 가능한 기술이다. 80이 넘은 백발의 노신사도 손해만 보는 관계에 지쳤다며 상담실을 찾는다. 지금 시작해도 전혀 늦지 않다. '따뜻하지만 단호하게, 친근하지만 만만하지 않게' 각자의 중심을 지키면서 휘두르거나 휘둘리지 않는 건강한 대안은 분명히 있다.

기분 나쁘지 않게 할 말 하는 법, 호감을 주는 대화법, 휘둘리지 않는 법……. 여기저기서 넘쳐나는 정보에도 우리는 방향을 잃고 휘둘린다. 이럴 때는 이렇게, 저럴 때는 저렇게 받아치라는 답안지를 암기해도 문제는 풀리지 않는다. 인생에는 쪽집게 강사가 찍어주는 문제만 나오는 게 아니기 때문이다. 그렇다면 정말 필요한 것은 물고기가 아니라 물고기를 잡는 법이 아닐까?

우리에겐 예상 문제 풀이나 일회성 힐링이 아니라 지속 가능한 삶의 기술이 필요하다. 어떤 관계든 크고 작은 갈등의 순간은 찾아오는데, 문제는 갈등 자체보다 갈등에 반응하는 방식이다. 여기서 우리는 상처를 받기도 하고 상처를 주기도 한다. 내 마음도 모르면서 타인의 마음을 알아내려 하고, 누구를 먼저 '손절'해야 할지 고민하기도 한다. 하지만 건강한 소통은 타인의 마음을 읽고 움직이는 것보다 자신의 무게 중심을 잡고 내 마음과 먼저 소통하는 지점에서 시작된다. 이젠 나 자신에게 무게의 중심을 가져올 때이다.

소통을 주제로 한 책과 유튜브를 섭렵했지만 아직까지 할 말을 하기 힘들다면 그 이유는 무엇일까? 첫째, 건강한 소통이 '무엇'이고 '어떻게' 하는 것인지 제대로 배우지 못했기 때문이다. 둘째, 배운 대로 할 말을 하려고 해도 걱정과 두려움이 발목을 잡기 때문이다. 셋째, 습관처럼 휘둘리는 마음의 관성에 빠지기 때문이다. 배움과 연습, 그리고 '트러블 슈팅'은 함께해야 한다.

이 책은 실제 아이앱트의 프로그램을 진행하는 것처럼 총 10주 과정을 크게 3부로 구성했다. 먼저 1장에서 3장까지는 건강한 소통이 무엇인지 이해하고 개념을 다루는 '기본 원리편'이다. 4장과 5장은 내 마음을 읽고 올바로 전달하는 건강한 소통법의 기초를 다루는 '기본 테크닉편'이며, 6장에서 9장까지는 거절, 실망, 비판, 칭찬 등 실제 상황에 적용할 수 있는 '응용 테크닉편'이다. 3부에서는 각 상황별로 소통을 방해하는 마음의 올가미를 스스로 진단하고 해결할 수 있는 방법 또한 제시한다. 그리고 마지막 10주에는 휘둘리는 소통 습관에서 빠져나오는 실전 연습법을 익힐 것이다.

관계에 휘둘리고 상처받은 이들을 보며 나는 치료자이기에 앞서 동병상련과 같은 감정을 느낀다. 이는 비슷한 과거를 가진 사람으로서 상처를 어루만지는 듯한 애잔함과 연민이며, 나 자신의 내적 치유 과정이기도 하다. 한편으로 내 아이에게 엄마로서, 그리고 치료자로서 삶의 기술을 전달하고 싶은 마음과, '그래도 사랑한다, 고맙다'는 말을 미처 전하지 못하고 떠나보낸 엄마에게 지금이라도 내 목소리가 닿길 바라는 마음을 담아 이 책을 집필했다. 기다리고 지지해준 딸과 남편에게, 그리고 이 책을 미처 보지 못하고 떠난 엄마에게 늦었지만 고맙고 사랑한다는 말을 전한다.

런던의 상담실을 거쳐 간 수많은 사람들과 함께했던 것처럼 한국의 독자들이 더 이상 휘둘리지 않고 스스로를 지키는 그날까지 이 책이 작은 도움이라도 되길 바라면서 격려와 응원을 보낸다.

런던에서, 안젤라 센

차례

3장

우리가 휘둘리는 어른으로 자라는 이유

4장

내 마음을 알아줘: 나 자신과 소통하기

5장

내 마음을 전해줘: 말하기와 듣기

6장

거절이 가벼워지는 법

7장

실망과 좌절에도 무너지지 않는 법

8장

비난과 비판에도 나를 지키는 법

9장

칭찬과 감사를 회피하지 않는 법

10장

소통 기술의 간보기와 다지기

1장

나는
왜 이렇게
휘둘리는 걸까

무사태평으로 보이는 사람들도
마음속 깊은 곳을 두드려 보면
어딘가 슬픈 소리가 난다.

나쓰메 소세키,
《나는 고양이로소이다》

휘둘리며 할 말을 하지 못하는 이유

임종을 앞둔 사람들에게 무엇을 가장 후회하는지 물었을 때 많이 나오는 대답 중 하나는 자신이 할 말을 제대로 하지 못하고 다른 사람들에게 휘둘리며 살았다는 것이다. 평생 여러 사람을 만나고 함께 일하고 어울리며 지냈을 텐데, 죽을 때까지 할 말을 하지 못해 후회가 된다니, 어떻게 된 일일까?

사실 많은 사람들이 비슷한 고민을 하며 살아간다. 인간은 사회적 동물이고 어느 누구도 온전히 혼자서 살지 못한다. 사회 안에서 다양한 관계를 맺으며 살아가는 동안, 우리는 할 말을 얼마나 잘 하며 살고 있을까? 나는 휘둘리지 않고 살고 있다고 자신할 수 있는 사람은 얼마나 될까? 그리 많지 않을 것이다. 단순히 상대가 나보다 지위가 높거나 나이가 많아서, 즉 나보다 우위에 있는 사람이어서 그런 것은 아니다. 친구나 연인, 가족처럼 가까운 사이에도 하고 싶은 말을 하지 못하는 경우는 흔하다. 그렇다면 우리가 다른 사람에게 휘둘리며 할 말을 하지 못하는 이유는 무엇일까?

마음을 갉아먹는 걱정과 불안

몇 년 전 처음 상담실을 찾은 지현도 같은 고민을 갖고 있었다.◆ 그녀는 자신이 할 말을 제대로 하지 못하고 다른 사람들에게 휘둘린다고 했다. 그러다 보니 인간관계는 버겁기만 했다. 직장에서 본인 업무가 아님에도 거절하지 못해 떠맡는 경우가 종종 있었지만 정작 자기가 도움이 필요할 때는 동료들에게 선뜻 부탁하지 못했다. 친구에게 속상한 말을 들어도 싫은 티를 내지 못하고 혼자 곱씹으며 잠을 설치기도 했다. 되받아치거나 기분 나쁜 티라도 내려 하면 걱정이 앞섰다.

'내가 너무 예민한가?'

'내가 오히려 상처 주는 건 아닐까?'

◆ 이 책에 등장하는 이름은 모두 가명이다. 실제로 런던의 상담실에서 한국 사람을 만난 것은 손에 꼽는다. 하지만 국적과 성별, 나이와 상관없이 다들 비슷한 고민과 아픔들을 털어놓았다.

‘이러다가 싸움이라도 나면? 너무 흥분해서 화를 주체하지 못하고 폭발해 버리면? 말문이 막히거나 울어버리면 어쩌지?’

‘내 편이 아무도 없으면 어떡하지? 괜히 나만 욕먹는 건 아닐까?’

‘나 때문에 분위기가 어색해지면 어떻게 수습하지? 앞으로도 계속 어색하면?’

머릿속으로는 시원하게 상대방에게 한 방 날리는 모습을 그려 보지만, 곧 이런저런 걱정이 꼬리에 꼬리를 물어 입은 굳게 닫힌다. 떠맡은 일에 몸과 마음은 지치고, 걱정과 불안은 해소되지 않아 분노가 되어 쌓인다. 그것이 서서히 곪아 지현의 마음을 야금야금 갉아먹는다.

‘내가 만만해 보이나?’

자신을 휘두르는 사람들을 탓하며 분노에 휩싸였다가도 곧 아무것도 할 수 없다는 절망감과 패배감에 휩싸인다. 그리고 분노의 화살은 결국 자기 자신을 향한다.

‘휘둘리기만 하는 내 잘못이지…….’

간혹 상대가 속상해하지 않도록 최대한 조심스럽게 말했는데도 기분 나빠하는 기미가 보이는 것 같으면 그날은 잠을 설친다. ‘나 때문에 상처받았나 봐. 그렇게 말하지 말걸.’ 자신이 그 사람에게 지울 수 없는 상처를 준 것처럼 전전긍긍한다. 관계는 이미 깨진 꽃병처럼 다시 조각을 붙여도 예전 같지 않을 것 같다. ‘날 나쁜 사람이라고 생각하겠지? 완전히 돌아서진 않을까?' 걱정은 점점 커져서 아직 일어나지 않은 일까지 염려하기 시작한다. '다른 사람들한테 내 험담을 하지는 않을까? 그 이야기를 들은 사람들도 날 나쁘게 평가하지 않을까?' 이제 괜히 그랬다며 스스로를 자책하고, 자기가 어떤 말실수를 했는지 곱씹으며 과거를 부검한다. 그리고 밀려오는 후회와 죄책감에 한없이 우울해진다.

사실 그 사람이 진짜로 기분이 나빴는지는 알 수 없다. 언짢아하지 않았는데 혼자 지레짐작하는 것일 수도 있다. 혹은 잠깐 기분이 상했지만 다음에 만나면 아무렇지 않을지도 모른다. 하지만 지현은 홀로 괴로워하며 최악의 상황을 상상한다.

거절하지도,
거절당하지도 않기 위해

직장에서 지현은 책임감이 강하고 동료들에게 친절한 '우수 직원'이다. 또 친구들이 어려움을 겪을 때면 언제든 달려오는 '든든한 친구'이다. 그런 기대를 저버린다는 것은 그녀에게 배신과도 같은 두려운 일이다. 동료들이 부탁하는 일은 내 일을 미루면서까지 도와주고, 친구들이 만나자고 하면 컨디션이 나빠도 무리해서 나간다. 중요한 일이 있어도 일정을 취소하거나 꾸역꾸역 모든 일정을 소화하며 약속을 지켜낸다. 하지만 항상 기대를 충족시켰음에도 사람들은 여전히 더 많은 것을 원하는 것만 같다.

'왜 계속 줘도 바라기만 하는 걸까? 사람들이 이기적인 걸까, 아니면 내가 부족한 걸까?'

더 이상은 지현도 힘들었지만 이 말은 끝내 입에서 떨어지지 않는다. 도저히 사람들을 실망시킬 엄두가 나지 않는다. 그러다 보니 사람들을 만나는 것은 즐거움이 아니라 해치워야 할 책무처럼 느껴질 뿐이다. 만날수록 원망이 쌓이고 터져 나오는 분노를 꾹꾹 참느라 관계란 피곤하기만 하다.

힘들게 상담실을 찾았을 무렵, 지현은 너무 지친 상태였다. 6개월 전부터 승진시험을 준비하며 자신의 일을 하기도 버거웠다. 그럼에도 주는 것 없이 바라기만 하는 사람들이 너무 야속했고 그에 대해 한마디도 할 수 없는 자신이 바보 같았다. 시험에 떨어진 후, 겨우겨우 버텨왔던 문제들이 결국 터져 버리고 말았다. 그녀는 자신의 방으로 숨어 버렸다. 거절하거나 거절당할 필요 없는 안전지대로 달아난 것이다.

지현은 도움이 필요했지만 거절당하는 것이 두려워 누구에게도 손을 내밀지 못했다. 거절당한다는 것은 곧 자신의 존재 자체에 대한 거부처럼 느껴졌고, 두려움이 크다 보니 부탁하기도 전에 미리 상처받았다. '나는 네가 싫어. 너는 신경 써야 할 만큼 중요한 사람이 아니야. 넌 귀찮은 사람이야. 부담스러워.' 거절은 그녀에게 이런 의미였고 관계에 대한 사망 선고와도 같았다. 그래서 지현은 거절하지 않고 거절당하지도 않기 위해, 그렇게 애를 써왔다.

건강한 소통이 건강한 관계를 만든다

결과적으로 누구에게나 좋은 사람이었지만 정작 자신에게는 좋은 사람이 되지 못했다. 든든하고 기댈 만한 친구였지만 정작 필요할 때 기댈 곳 없는 자신에 대해서 더욱 화가 났다.

"그런데도 왜 자꾸 휘둘리는 걸까요?"

그렇게 묻는 지현은 그 대답을 이미 알고 있는 듯했다.

"제가 거절하거나, 제 의견을 말하거나, 불편한 감정을 솔직하게 표현하면…… 불쾌해하거나 무례하다고 생각하지 않을까요?"

지현은 자신의 우울과 불안이 관계의 문제이며 특히 휘둘리는 태도가 문제라는 것을 알고 있었다. 하지만 당황하고 감정이 격해진 상태에서 행동은 늘 제자리였다. 휘둘리고 싶지 않았지만 휘둘리는 행동은 반복되고 만다.

휘둘리지 않고 할 말을 잘하려면 건강한 소통법이 필요하다. 건강한 소통은 다른 사람에게 휘둘리지 않을 뿐 아니라 타인을 휘두르지 않고, 할 말을 할 뿐만 아니라 상대의 말을 들어주는 것을 모두 포함한다.

건강한 소통은 건강한 관계를 만든다. 하지만 우리는 여전히 소통의 어려움을 겪는다. 그 이유는 크게 3가지로 볼 수 있다. 첫 번째 이유는 휘둘리지 않고 할 말은 한다는 것이 '무엇'이며 '어떻게' 하는지 구체적인 방법을 모르기 때문이다. 이런 경우 소통에 대한 자신감이 떨어지게 된다. 두 번째 이유는 '무엇'과 '어떻게'는 이해했지만 여전히 걱정과 두려움이 우리를 옭아매어 소통을 방해하기 때문이다. 세 번째 이유는 우리를 옭아매는 생각은 걷어냈지만 예전의 습관대로 '즉각적으로 반응하는' 마음의 관성 때문이다.

1장에서는 먼저 건강한 소통이 무엇인지 이해하고 우리가 소통에 대해 흔히 가지기 쉬운 오해를 짚어 볼 것이다.

소통은 이기고 지는 싸움이 아니다

건강한 소통은 '자신의 생각과 감정을 표현하고 요구를 솔직하고 분명하게 전달하면서 동시에 서로의 권리를 존중하는 소통'으로 정의할 수 있다. 이 정의를 풀어 보면 크게 다음의 3가지 요소로 나누어 볼 수 있다.

1. 건강한 소통은 나의 생각, 감정, 요구를 표현하고 그에 따른 책임을 진다.
2. 건강한 소통은 나와 상대가 표현할 권리를 동시에 존중한다.
3. 건강한 소통은 성격이 아닌 기술이다.

건강한 소통을 위한 시작

건강한 소통의 첫 번째 요소는 내가 생각하고 느끼고 원하는 것을 분명하고 주체적으로 표현하는 것이다. 여기서 나의 생각은 나의 것이고, 내 감정도 나의 것이며, 내 요구도 나의 것이다. 내가 선택할 자유가 있는 만큼 책임지는 것이고, 그것은 상대방 또한 마찬가지다.

두 번째 요소는 내가 휘둘리지 않고 할 말을 할 권리가 있는 것처럼 상대방도 할 말을 할 권리가 있다는 것을 인정해주는 것이다. 여기서 상대방의 권리를 존중하는 배려와 따뜻함은 상대에게 모든 것을 맞추는 것이 아니다. 상대방의 생각이 옳다고 무조건 동의하거나 그의 감정을 대신 짊어지고 책임지면서 같이 휩쓸리는 것도 아니다. 거절하지 못하고 모든 요구를 들어주는 것 또한 아니다. 그렇게 되면 타인의 권리만 존중해주면서 자신의 권리는 침해하게 된다. 단지 상대방 또한 자신의 생각, 감정, 요구가 있고 그것을 표현할 권리가 있다는 것을 인정하는 자체가 건강한 소통의 시작이다. 건강한 소통은 반드시 동의하고 공감하며 해결해주어야 하는 것이 아니다.

세 번째 요소는 소통은 성격이나 소질이 아닌 기술의 문제라는 것이다. 건강하게 소통하는 능력은 타고나는 것이 아니라 만들어진다. 이 말은 누구나 배우고 연습하면 소통 능력을 키울 수 있다는 뜻이다. 역으로 생각하면 타고난 성격이 아니기 때문에 소통 능력이 뛰어나다고 자부하는 사람들 또한 어느 순간에는 휘둘리기도 하며 할 말을 하지 못하고 후회하는 경우가 분명히 있다는 의미이다. 운동선수가 같은 동작을 수만 번 연습해도 실수할 수 있는 것처럼 말이다.

게다가 우리는 살아가면서 비슷한 상황을 겪을 수는 있어도 매번 같은 상황에 처하지는 않는다. 소통의 문제는 마치 늘 새로운 문제가 주어지는 것과 같아서 한 가지 답안지만 보고 풀 수는 없다. 즉, 시행착오를 통해 배우는 과정이기 때문에 실수를 했다고 지나치게 자책할 필요가 없다. '소질'이 있어도 개발하지 않으면 발전하지 않는 것이 기술이고, 배우고 연습하면 누구나 더 잘할 수 있는 것이 기술이다. 그럼에도 불구하고 실수하는 순간은 누구에게나 찾아온다. 소통의 기술도 마찬가지다.

휘둘리거나
휘두르지 않는 소통

우리의 얼굴이 다양하듯 우리가 지나온 삶과 현재 처한 상황 또한 다양하다. 그리고 같은 상황에 놓였을 때 그것을 바라보는 시각과 반응 또한 각양각색이다. 이런 사람들이 모여 관계를 맺을 때 이견이 생기거나 서로 원하는 방향이 달라 마찰을 빚는 것은 자연스러운 일이다. 서로의 시각 차이와 이해 충돌로 인해 접점을 찾기 힘든 경우도 있고 끝내 서로를 이해하거나 원하는 것을 얻지 못하고 입장 차이만 확인하며 그치는 경우도 있다. 인간관계에서 미미한 충돌과 소음마저 없다면, 마찰을 원천적으로 봉쇄하고 문제를 회피하기 위해 한쪽이 지나치게 수동적인 태도를 취하고 있는 불균형한 관계일 수도 있다. 혹은 '불편한 대화'는 피해야 한다는 '무언의 약속'을 따르는 관계에서 소통이 겉도는 것일지도 모른다.

문제는 갈등 자체가 아니라 갈등에 반응하는 방식이다. 어떤 관계든 조금의 불편함조차 미리 방지하거나 모두 제거하는 것은 불가능하다. 건강한 소통은 조율하기 힘든 갈등 상황에서도 기본적인 존중을 바탕으로 서로에 대한 비난보다 함께 문제를 이해하고 해결하는 데 초점을 맞추어 소통의 장을 열어둔다. 따라서 소통의 장은 이기고 지는 전쟁터가 아니라 협력의 장이다.

많은 사람들이 어떻게 하면 따뜻하지만 단호하게, 친근하지만 만만하지 않게 할 말을 할 수 있을까 고민한다. 따뜻함과 배려를 잃지 않으면서도 단호하게 할 말을 하는 건강한 소통은 이렇게 상반되는 것처럼 보이는 두 방향 사이에서 길을 잃지 않고 섬세한 균형을 이루는 것이다. 건강한 소통은 휘둘리거나 휘두르지 않고 서로를 지켜주는 대안이 된다.

자신을 지키면서 타인을 해치는 것은 건강한 소통이 아니다. 이것을 '공격적 소통'이라고 한다. 반대로 지현의 사례와 같이 타인은 지켜주면서 자신을 지켜주지 못하고 오히려 자신을 공격하는 태도 또한 건강하지 못한 소통이다. 이것을 '수동적 소통'이라고 한다. 여기서 간과하기 쉬운 점은 우리를 휘두르는 사람은 타인뿐만 아니라 자기 자신이 되기도 한다는 점이다. 지현의 경우 다른 사람이 굳이 흔들지 않아도 자신의 생각과 감정에 휘둘리면서 할 말을 하지 못한다. 이렇게 건강한 소통은 타인에 의해 휘둘리지 않는 것뿐만 아니라 나 자신에 의해 휘둘리지 않는 것을 의미한다.

그렇다면 공격적 소통과 수동적 소통이 결합한 소통 방식은 어떨까? 좀 더 복잡 미묘한 형태의 '수동공격적 소통'이 있다. 어떤 사람들은 이런 방식을 '고상한 반격'이나 '사이다'라고 표현하기도 하는데, 겉으로는 수동적인 태도를 취하는 것 같지만 결국은 공격이 목적이기 때문에 진정한 의미의 건강한 대안은 아니다. 이러한 소통 유형에 대해서는 2장에서 좀 더 자세히 살펴보겠다.

건강한 소통에 대한 오해들

앞에서 건강한 소통이란 무엇인가에 대해 살펴보면서 내가 생각하고 느끼고 원하는 것을 '분명하고 주체적으로 표현하는 것'이라고 했다. 많은 사람들이 이리저리 휘둘리며 자신의 생각과 감정, 요구사항을 제대로 말하지 못하다 보니 건강한 소통에 대해서도 명확한 상을 갖고 있지 못한 경우가 많다. 그렇다면 소통에 대해 가지기 쉬운 오해는 무엇일까?

휘둘리지 않고 할 말을 한다고 하면 단호함, 솔직함, 강경함, 유창함, 완고함, 용감함 같은 단어를 떠올리기 쉽다. 그리고 이러한 '성격'을 가진 사람이 휘둘리지 않고 할 말을 할 수 있을 거라고 믿기도 한다. 하지만 과연 이런 특성이 건강한 소통의 필수 조건일까? 어떤 오해가 진정한 의미의 소통을 방해하는지 하나씩 짚어 보자.

오해 1:
말을 '잘하면' 좋을 텐데

말을 잘 못해서 자신의 마음을 표현하기 어렵다는 사람들이 있다. 하지만 여기에는 '말을 잘한다'는 것에 대한 오해가 있는 것 같다. 꼭 어휘력이나 문장 구사력이 뛰어나야 말을 잘하는 것은 아니며, 소통을 잘하는 것은 더더욱 아니다. 미사여구로 포장하지만 알맹이가 없고 논점을 흐리면서 상대방을 공격하는 경우나 대화를 하는데 혼자 연설을 늘어놓는 경우는 말을 잘한다고 하기 어렵다. 때로는 화려한 언변보다 진정성 있는 한마디가 더 큰 울림을 가진다. 원활한 소통을 위해서는 말에 진정성을 담는 것과 서로를 지키려는 의도가 바탕이 되어야 한다. 그다음 자신이 무엇을 생각하고 느끼고 원하는지 명확하게 바라볼 때, 마음이 정리되고 말도 정리된다.

건강한 소통법은 상대의 비위를 잘 맞추거나 존재감을 드러내고 주목받기 위한 화술이 아니다. 마음에 없는 말을 그럴 듯하게 지어내는 것도 아니다. 건강한 소통은 가장 효과적으로 자신의 진정성을 표현하는 방법이며 이것은 '말을 잘하는 것'뿐만 아니라 잘 듣는 것을 포함한다. 건강한 소통은 함께 하는 것이기 때문이다.

오해 2:
'단호하게' 말해야 해

휘둘리지 않고 할 말을 하는 사람을 흔히 '단호하다'고 표현한다. 하지만 많은 사람들이 '기가 세다', '단칼에 자른다', '직선적이다'라고 표현하는 '차갑고 공격적인 태도'를 단호함으로 오해하는 경우가 종종 있다. 단호함은 자신이 생각하고 느끼고 바라는 것에 대해 흔들림 없고 분명함을 뜻한다. 하지만 단호하다고 해서 반드시 '내 말이 항상 맞다'거나 '내가 틀린 소리 하는 거 봤어?' 하는 식으로 자기 확신이 지나치거나 냉정할 필요는 없다. 이러한 태도는 자칫 건강한 소통이 아니라 공격적 소통이 될 위험이 있다. 오히려 자신의 마음을 명료하게 바라보고 표현하는 단호함이 건강한 소통의 첫걸음이 된다.

건강한 소통과 공격적 소통은 둘 다 자신의 마음을 단호하게 표현한다는 점에서 공통점을 가진다. 하지만 건강한 소통은 갈등 상황을 문제 해결의 기회와 과정으로 보는 반면 공격적 소통은 이러한 상황을 이기고 지는 싸움이라고 보는 경향이 있다. 따라서 소통의 목적은 상대와 함께 논의하거나 협의하려는 게 아니라 오직 이기는 것이며 이기기 위해서 어떤 방식을 써서라도 우위를 점해 상대를 통제해야 한다고 믿기도 한다. 이런 방식으로 자신의 생각과 감정만 표출하거나 강압적으로 요구를 관철시키려 하는 태도는 공격적 소통이다.

수동적 소통 또한 갈등 상황을 이기고 지는 싸움판의 문제로 보는 것은 마찬가지다. 이런 경우 단호하게 진심을 말하면 다른 사람에게 상처를 주는 나쁜 사람이 될 거라는 생각을 하기 때문에 할 말을 하고 싶어도 두려움이 앞서곤 한다.

“저 때문에 사람들이 상처를 받을까 봐 조심스러워요.”

지현은 피해자가 되기 싫지만 가해자 또한 되기 싫다. 수동적 소통과 공격적 소통 사이에서 길을 잃어 갈팡질팡하다가, 때로는 한마디 하고 싶지만 걱정과 두려움이 앞선다. 이기면 죄책감이 들고 지면 패배감이 드는 소통은 결국 잃을 수밖에 없는 싸움이 된다. 이렇듯 공격적인 태도로 자신을 지키는 것이 단호함이라고 생각한다면 변화에 대한 두려움과 저항이 생긴다. 하지만 단호함은 지켜야 할 서로의 선에 대한 분명함이며 건강한 소통을 위한 필수적인 조건이다.

오해 3:
‘솔직하게’ 말하는 게 좋아

지현은 단호하게 할 말을 하는 사람으로 대학 선배인 승혀을 떠올렸다. 승현은 자신을 아주 솔직하고 뒤끝 없는 ‘돌직구’ 스타일이라고 칭한다. 지현 또한 승현의 거침없는 직설 화법을 '멘탈이 강하다'라고 평가한다. 때로는 부러운 마음마저 든다. 하지만 자신의 생각과 감정을 돌직구로 표현하는 승현은 막상 상대방의 돌직구는 그냥 넘어가지 못한다. 자신의 말에 상대방이 화를 내거나 정색하면 비난하며 상대의 입을 막아버린다.

"왜 이렇게 정색이야? 분위기 망치게. 너 완전 예민하고 뒤끝 있는 스타일이다. 실망했어."

이런 '솔직하고 당당한 태도'는 자칫 휘둘리지 않고 할 말을 하는 것처럼 보이지만 이런 식의 솔직함을 과연 건강한 소통 방식이라고 할 수 있을까? 승현은 자신의 부정적인 생각과 감정에 휘둘리면서 할 말, 못 할 말 모두 정제되지 않은 형태로 쏟아낸다. 이러한 '필터 없는 솔직함'은 자신의 권리는 지키면서 타인의 권리를 존중하지 않기 때문에 건강한 태도가 아니다. 함께 사는 세상에서 솔직하다고 옷을 다 벗고 돌아다니지 않는 것처럼, 배려 없는 솔직함은 무례함이다.

오해 4:
'물러서지 말고' 용기 있게

건강한 소통을 위해서 불편한 상황을 마주하고 대화를 시작하는 데는 용기가 필요하다. 이 부분에는 큰 이견이 없을 것이다. 하지만 이러한 용기는 물러서지 않는 완고함이 아니라 유연함에서 나온다. 건강한 소통은 셀 수 없이 많은 변수가 작용하고 서로의 이해가 얽혀 밀고 당기는 복잡한 인간관계의 도식에서 서로를 이해하고 문제를 함께 해결해 나가는 과정이다. 따라서 상황에 따라 유연하게 대응할수록 창의적으로 해결할 가능성도 커진다. 유연한 태도는 쉽게 말을 바꾸는 거짓말쟁이나 쉽게 타협하는 겁쟁이를 뜻하는 게 아니다. 사람들은 때로 상황이 변했음에도 자신의 방식을 고집하거나 일방적으로 밀어붙인다. 하지만 유연함은 하던 대로 하는 습관의 편안함을 과감하게 버리는 결단이며, 창의적인 선택지를 고려하는 열린 마음이다. 그리고 이러한 유연함에는 용기가 필요하다.

상우는 여자 친구와 데이트를 하고 돌아가는 길에 좁은 골목길에서 사람들과 시비가 붙었다. 이런 경우 절대 물러서지 않고 맞서 싸우는 것이 용기일까? 만약 어둡고 인적이 드문 곳에서 건장한 남자들 여러 명과 시비가 붙은 상황이라면 이런 시도는 적절하지 않다. 여기서 최선의 선택은 본인과 여자 친구의 안전을 위해 최대한 빨리 자리를 피하는 것일지도 모른다. 이런 상황에서조차 '도망가는 것은 겁쟁이야' 또는 '항상 당당하게 맞서 싸우거나 대화로 해결해야 해'라는 태도를 고수한다면, 이것은 상황을 고려하지 않는 경직된 사고방식이다. 이러한 태도를 고집한다면 '끝까지 맞섰다'는 자기 위안은 얻을 수 있을지 몰라도 자신은 물론 여자 친구의 신변까지 위태롭게 할 수 있다. 주머니에 있는 돈이나 왜곡된 '자존심'을 지키는 것보다 안전이 지켜야 할 더 중요한 가치라면 표면적으로는 수동적으로 보이는 회피가 최선의 선택이 된다. 상대방 또한 사람을 해치게 된다면 곤경에 처하게 되기 때문에 결국은 모두가 잃게 되는 상황에 처할 수 있다.

정말 물러서지 않고 싸워야 할 순간이 올 수도 있다. 이때는 싸워서 얻는 것이 무엇인지 생각해 보고 그럴 만한 가치가 있는지 판단해야 한다. 시시각각 변하는 상황에 따라 필요한 싸움을 필요한 만큼만 하는 유연한 판단이 바로 용기 있는 결단이다.

그렇다면 가족 간의 문제는 어떨까? 가까운 관계일수록 너무 많은 것을 주고 많은 것을 기대하면서 서로의 영역을 침해하고 상처가 쌓이기도 한다. 이럴 때 따뜻함과 배려만 강조하며 거리를 더 좁히도록 강요한다면 오히려 회복하기 힘든 상태로 치달아 서로를 잃게 될 위험이 있다.

우리에게는 관계를 지속하거나 끊어 버리는 이분법적 선택지보다 훨씬 다양한 선택지가 있다. 한 걸음 물러서 유연하게 상황에 대응한다면 '일정 기간 안전거리를 지키는 것'이 오히려 건강한 소통 방식이 될 수 있다. 마치 침묵 또한 대화의 일부가 될 수 있는 것처럼 거리 두기 또한 소통의 방식이 될 수 있다. 그리고 이 같은 발상은 완고함이 아닌 유연함에서 나온다. 이러한 유연한 대응이 불편함을 마주하는 자신감과 용기로 성장한다.

1. 언제 어디서나 할 말을 다 하면서 조금도 휘둘리지 않고 사는 사람은 아무도 없다. 상황에 따라, 사람에 따라 우리는 휘둘리기도 하고 반대로 휘두르기도 한다. 하지만 휘둘리는 경우가 많고 그로 인해 다른 사람들과 소통하고 관계를 유지하는 것이 어렵게 느껴진다면 나의 소통 방식을 점검하고 보다 건강한 소통 방식을 배워야 한다.

① 나는 다른 사람에게 많이 휘둘리는 편인가? 그로 인해 일을 하거나 다른 사람을 만나는 데 어려움을 겪을 정도인가? 현재 자신의 상황과 소통의 문제점을 이해하는 것이 건강한 소통으로 나아가는 첫걸음이다.

② 나를 휘두르는 사람은 다른 사람일 때도 있지만 자기 자신일 때도 있다. 나 자신을 휘두르는 내 생각과 감정은 무엇인지 점검해 보자.

③ 주위 사람들 중에 '할 말을 하는 사람'이라고 생각한 인물이 있는가? 어떤 점에서 그렇게 생각했는가? 그 인물의 소통 방식이 정말로 건강한 소통 방식이었는지, 혹은 건강한 소통 방식이라고 오해했던 건 아니었는지 점검해 보자.

2. 나는 어떤 상황에서 특히 휘둘리기 쉬운지 '위기 상황 체크리스트'를 통해 점검해 보자. 다음 표에서 가로는 '누구와'에, 세로는 '무엇을' 하는지에 해당된다. 이 둘이 만나는 각 칸에 0점부터 5점까지의 점수를 매겨 보자. 0점은 '자주 휘둘리고 할 말을 하기 힘들다'는 것을, 5점은 '휘둘리지 않고 할 말을 하는 데 문제가 없다'는 것을 의미한다.

	가까운 사람 (가족, 연인, 배우자 등)	가까운 친구	지인/안면 있는 관계 (친구의 친구, 이웃 등)	권위 있는 사람 (상사, 선생님, 집안 어른 등)	공적 관계 (회사 동료, 거래처 등)	낯선 사람 (점원, 행인 등)
부정적 감정 표현하기(불편해, 화났어)						
비판하기, 지적하기						
비판받기, 지적받기						
다른 의견 내기						
요구하기						
거절하기						
거절당하기						
친근감 표현하기						
칭찬하기, 칭찬받기						
질문하기, 발표하기						

2장

휘둘리지 않는 사람은 어떤 사람일까

너희는 저마다
자신을 등불로 삼고
자기를 의지하라.

석가모니의 마지막 가르침

소통 방식에도 유형이 있다

사람마다 소통하는 방식은 다양하겠지만, 크게 보면 비슷한 유형 몇 가지로 구분할 수 있다. 중요한 것은 소통 유형이 성격의 문제가 아니라 후천적으로 습득 가능한 기술과 태도라는 점이다. 때문에 고정된 것이 아니라 언제든지 '태세 전환'이 일어날 수 있다. 평소에는 공격적이던 사람이 상황에 따라 수동적인 태도를 취하기도 하고, 늘 참고 휘둘리던 사람이 쌓였던 분노가 폭발하는 순간 공격적으로 돌변하기도 한다. 또한 밖에서는 한없이 부드러운 사람이 가정에서는 강압적인 모습을 보이기도 한다. 소통 방식은 이렇게 유동적으로 바뀌는 것이 가능하다. 하지만 특정 소통 방식이 습관처럼 반복되면서 패턴으로 자리 잡고, 이로 인해 어려움을 겪는다면 자신이 어떤 소통 유형에 해당되는지 점검해 볼 필요가 있다.

남이 아닌
'나'를 알기 위한 도구

2장에서는 소통 방식을 수동적 연두부형, 공격적 불도저형, 수동공격적 돌려까기형, 건강한 단호박형의 4가지 유형으로 구분하고 각 유형별 말과 행동의 특징을 살펴본다. 하지만 각 소통 유형을 자세히 살펴보기에 앞서 유념해야 할 사항을 먼저 짚어 보자.

첫째, 소통 방식의 4가지 유형은 성격 테스트가 아니다. 소통의 유형을 자신이나 타인을 평가하고 분류하는 기준으로 삼거나, 이를 바탕으로 '저 사람은 나랑 맞지 않으니 어울리지 말아야지' 하며 선을 긋는 것은 오히려 소통에 방해가 될 수 있다. 특히, 직장 동료나 가족 등 끊고 싶어도 완전히 끊기 힘든 관계를 당분간 유지할 필요가 있을 때 이런 대응은 도움이 되지 않는다. 갈등을 해결하기보다 이런 방식으로 관계를 끊고 회피하는 방식을 반복한다면 자신의 소통 유형이 수동적 연두부형의 방식에 가깝다는 것을 오히려 인지할 필요가 있다. 소통 유형을 나누고 살펴보는 것은 단지 소통의 문제를 스스로 인지하고 점검하기 위한 도구라는 점을 꼭 기억하자.

둘째, 소통 유형을 통해 타인에 집중하는 것이 아니라 나 자신의 무게 중심을 지킨다. 사회생활을 하면서 유난히 대하기 힘든 사람들이 있다. 이때 '대체 이 사람은 왜 이렇게 행동하는 걸까?' 궁금해지는 것은 자연스러운 현상이다. '열 길 물속은 알아도 한 길 사람 속은 모른다'는 말처럼 불확실한 타인의 마음은 불안함으로 이어지기 쉽다. 이럴 때 우리는 그들의 심리를 분석하고 짐작해서 문제를 해결하고 싶어 한다.

유독 어려워하는 사람이 있다면 상대의 소통 유형을 이해하는 것이 물론 도움이 된다. 하지만 이것도 언제, 어디서, 누구와 함께할 때 휘둘리기 쉬운지 나 자신의 소통 패턴을 이해하기 위한 '상황적 맥락'으로 다루는 선에서 활용하는 것이 좋다. 즉, 타인의 마음을 파헤치는 데에 초점을 맞추는 것이 아니라 나 자신을 이해하는 과정으로 삼는 것이 우선순위가 되어야 한다. 지나치게 상대방을 향해 무게 중심이 쏠리게 되면 어차피 완전히 알 수 없고 통제할 수도 없는 타인의 마음 안에서 길을 잃게 된다. 건강한 소통을 위해서는 타인의 마음이 아니라 자신의 마음으로 무게 중심을 가져오는 것이 중요하다. 상대가 어떤 유형인지와 상관없이 내가 단호하고 건강하게 소통할 수 있게 되는 것을 목표로 해야 한다.

참고 참고 또 참는 '수동적 연두부형'

1장에서 다루었던 지현의 사례는 수동적 연두부형의 전형적인 모습이다. 수동적 연두부형은 다른 사람의 권리를 침해하지 않지만 다른 사람이 자신의 권리를 침해하도록 허용하고, 심지어 스스로 자기 자신을 공격하기도 한다. 수동적 연두부형은 부정적인 감정을 느낄 때에도 내색하지 않고 상대방에게 먼저 맞춰주려 하기 때문에, 이들의 생각과 감정을 주변에서 눈치 채기 어려울 때도 있다.

수동적 연두부형은 상대방이 밀고 들어와도 확실히 선을 그어주지 않고 계속 받아주는 행동을 하면서 '이 정도는 괜찮다'라는 메시지를 반복해서 암시하기도 한다. 때문에 상대방은 자신이 선을 넘었다는 것을 어렴풋이 눈치 챘을 때조차 '이 사람한테는 이렇게 해도 괜찮겠지'라며 책임을 회피하기 쉽다. '너한테는 그렇게 해도 괜찮았잖아'는 '그렇게 해도 너는 괜찮아야지'라는 당연한 기대가 되고, 연두부형의 권리를 침해하는 문제 행동은 반복되며 더 심해지기도 한다.

연두부형이 자주 하는 말과 행동

수동적 연두부형에 속하는 사람들은 지나치게 자신을 낮추거나 항상 상대를 우선시하는 등 소극적인 모습을 종종 보인다. 상대를 많이 배려하고 참을성도 강하기 때문에 '아주 좋은 사람'이라는 평가를 받기도 한다. 물론 적절한 겸양과 배려, 인내는 중요한 덕목이지만 무엇이든 지나칠 때 문제가 생긴다. 그렇다면 수동적 연두부형이 말할 때는 주로 어떤 특징을 보이는지 살펴보자.

* **문장의 맺고 끊음이 불분명하다** 말끝을 흐리거나 질질 끌기, 웅얼거리기 등
* **문장을 제대로 잇지 못한다** 뜸들이거나 망설이기, 자주 말 멈추기, 헛기침 하기 등
* **목소리를 똑바로 내지 못한다** 징징대거나 울먹이는 듯한 목소리, 떨리고 불안정한 목소리, 지나치게 작은 목소리, 높낮이

없는 목소리 등

* **요점을 명확히 말하지 못한다** 말 빙빙 돌리기, 장황한 말 늘어놓기 등
* **다른 이유를 둘러대며 변명한다** '나는 해주고 싶은데 ……때문에' 등
* **괜찮지 않을 때도 괜찮은 척 무마한다** 농담처럼 웃어넘기기, 셀프 디스하기 등
* **항상 상대에게 맞춘다** 자기 기분이나 필요를 표현하지 않고 억압하기, 자기 공격과 비하하기 등
* **지나치게 사과를 남발한다** 부적절하거나 불필요한 상황에서도 '죄송합니다'를 과도하게 말하기 등
* **혹시 있을지 모를 공격에 미리 방어막을 준비한다** '미안한데, 번거롭게 해서 죄송하지만'처럼 사과하며 들어가기, '속상하시겠지만, 기분 나쁘겠지만' 하며 지레짐작하기, '틀릴 말일지도 모르지만, 내가 꼭 맞는 건 아니지만' 등 시시비비 가리기, '중요한 건 아닌데, 내 말에 신경 쓸 필요는 없는데' 등 평가절하하기, '내 생각은 아닌데, 사람들이 그러는데'라며 책임 회피하기, '이런 말은 바보 같지만, 내가 잘 몰라서 그러는데'처럼 자기 비하하기 등

자신을 낮추는 표현으로 예의와 겸양의 미덕을 드러내는 우리나라의 문화적 특수성을 감안하더라도 이러한 표현이 지나치거나 자주 반복된다면 연두부형 소통 방식에 해당한다고 할 수 있다.

그렇다면 연두부형의 행동적 특징은 무엇일까? 흔히 제스처 혹은 보디랭귀지라고 하는 몸의 언어는 사회와 문화에 따라 다양한 방식으로 드러날 수 있다. 예를 들어 유럽에서는 눈을 바라보고 이야기하는 것이 존중과 진정성을 의미하는 반면, 경우에 따라 '버릇없다'고 간주될 수도 있다. 그럼에도 불구하고 몸의 언어는 어느 정도 보편성을 띠기도 하며 때로 말보다 더 강한 메시지를 전달하기도 한다.

수동적 연두부형이 소통할 때 자주 보이는 행동의 특징은 다음과 같다.

* **자신감 없어 보이는 자세** 자신을 낮추는 듯 구부정한 자세, 위축된 자세 등
* **산만한 손동작** 머리나 옷, 목 등을 반복해서 만지는 행동, 입술이나 손톱 등을 뜯는 행동 등
* **말과 행동의 불일치** 말로는 기분 나쁘다고 하면서 웃거나 하지 말라고 하면서 친근한 태도를 보이는 행동, '하지 마' 같이 단호한 말을 하면서 몸을 움츠리는 행동 등

* **방어적인 행동** 입 가리기, 단단하게 팔짱을 끼거나 주머니에 손 넣기 등
* **회피하는 행동** 시선을 피하거나 지나치게 거리 두기, 연락 피하기, 잠수 타기 등
* **자기 통제** 표정 변화 없이 턱이나 얼굴 근육이 경직된 상태, 한쪽으로 기울어 불편하고 부자연스러워 보이는 자세, 표정과 자세를 스스로 검열하고 지나치게 통제하려는 행동 등

연두부형의 단기적 이로움과 부작용

휘둘리기 쉬운 수동적 연두부형의 소통 방식이 마냥 손해만 보는 것 같지만 단기적으로 이로운 점도 있다. 이런 유형의 사람들은 대체로 착한 사람, 좋은 사람이라는 칭찬을 듣기 쉽다. 또한 집단의 규칙과 타인의 요구에 순응하기 때문에 '튀지 않고' 무난하게 어울리면서 타인의 비난을 받거나 거부당할 위험도 적다. 부탁을 하지 않으면 거절당할 일도 없고 문제를 제기하지 않으면 문제에 엮일 가능성도 낮다. 이런 방식으로 문제를 대면하고 해결하기보다 회피하고 미루거나 축소하고 은폐함으로써 단기적으로 불편함을 모면한다. 따라서 갈등에서 비롯되는 불안과 우울 같은 감정적 고통

을 줄일 수 있다.

하지만 부작용 또한 만만치 않다. 단기적으로는 불안, 우울과 같은 감정적 고통을 줄이기도 하지만, 계속해서 자신을 억누르고 참으면서 타인의 요구를 들어주다 보면 점차 한계에 부딪히게 된다. 이런 식으로 부정적인 감정이 쌓이다 보면 한꺼번에 폭발하여 공격적으로 돌변할 수도 있다. 평소에는 순한데, 어쩌다 '뚜껑'이 열리면 감당이 안 된다는 사람들이 여기에 해당된다.

과도한 요구도 무리하게 해주다 보면 '착한 사람'이라는 이미지에 갇혀 사람들이 점점 더 많이 기대하고 요구하는 결과가 발생하기도 한다. 착한 사람, 좋은 사람이라는 평가는 만만한 사람이라는 평가로 변하기 쉽고, 그러다 보면 사람들의 요구는 점점 커지고 잦아지게 마련이다. '호의가 계속되면 권리라고 생각한다'는 말은 상대방의 기대치를 점점 높이는 수동형 소통 방식의 부작용을 잘 표현한다. 이런 소통 방식을 지속하면 서로에게 너무 많은 희생을 기대하는 상호 의존적 관계, 한쪽만 일방적으로 희생하게 되는 불균형한 관계, 심지어 파괴적인 관계를 반복할 수도 있다.

또 이 유형은 다른 사람의 문제를 대신 짊어지고 해결해주면서 상대가 스스로 불편함을 극복할 기회와 책임을 차단한다. '인에이블러(enabler)' 혹은 '착한 사람 콤플렉스'라고도 표현하는데, 겉으로 보면 희생의 아이콘처럼 보이지만 실질적으로는 '내가 없으면 안 된다'는 태도로 모든 것을 대신 챙겨주면서 자신의 가치와 필요성을 획득한다. 하지만 결과적으로 상대의 의존과 무능력을 부추기거나 방조할 위험을 초래하기도 한다.

항상 싸울 준비가 되어 있는 '공격적 불도저형'

공격적 불도저형은 자신의 권리만 내세우고 타인의 권리는 무시하는 소통 유형이다. 공격적인 태도로 상대방의 권리를 침해하거나 규칙을 위반하면서까지 필터 없이 할 말을 하고 자신의 요구를 강압적으로 관철시키려 하기도 한다. 상대의 기분이나 의사와 상관없이 자기 마음대로 타인의 영역을 침범하기 때문에 상대방은 보호받지 못한다고 느끼거나 말이 통하지 않는다고 생각하게 된다. 따라서 불도저형을 대하는 상대는 지나치게 방어 태세를 취하거나 반대로 반격하기도 하고, 적당히 져주거나 아예 소통을 포기하고 피해 버리기도 한다.

불도저형이 자주 하는 말과 행동

공격적 불도저형은 수동적 연두부형과 반대되는 유형이라고 볼 수 있다. 때문에 연두부형인 사람들은 간혹 불도저형을 보고 '단호하고 휘둘리지 않게' 소통한다고 오해하기도 한다. 하지만 이들은 자신의 이익을 위해 상대를 누르려는 의도를 갖고 있는 경우가 많기 때문에 결코 건강한 소통 방식이라고 할 수 없다. 그렇다면 공격적 불도저형이 말할 때 어떤 특징을 자주 보이는지 살펴보자.

* **강하고 공격적인 말투를 사용한다** 지나치게 큰 목소리, 빠르고 강한 말투, 비꼬는 말투, 차갑게 딱딱 끊는 말투 사용하기 등
* **상대의 발언을 듣지 않는다** 상대의 말을 막거나 끊기, '듣기만 해' 같이 억압하고 통제하는 투로 말하기 등
* **하대하는 태도로 이야기한다** 아이나 아랫사람 대하듯 지적하고 지시하기, 명령조로 말하기, 혼내거나 타이르는 말투 쓰기, 부적절하게 반말하기 등
* **위협적인 말이나 태도로 이야기한다** 상대의 약점 들추기, '조심하는 게 좋을 거야'같이 위협하는 말하기 등
* **말의 내용이 아닌 말하는 사람을 공격한다** 인종·성별·장애·출신 지역·학력·지위 등에 따른 차별이나 혐오 발언하기, 요점

을 벗어난 인신공격하기, 상대를 공격하며 발언의 신뢰도 낮추기 등

* **자신과 상대의 차이를 강조한다** 상대를 무시하거나 낮추기('별것도 아니면서'), 자신의 위치 내세우기('나 정도는 되어야지') 등
* **자신이 평가자인 것처럼 말한다** 상대의 옳고 그름, 좋고 나쁨 가치 평가 내리기('넌 이걸 좀 고쳐야겠다') 등
* **상대의 의사를 고려하지 않는다** 자신의 뜻대로 생각하고 행동하도록 지나치게 간섭하거나 강요하기, 선택권 없이 강요형으로 표현하기, 지나친 질문이나 요구 반복하기, 배려 없이 상대의 선 넘기, 상대가 원하지 않는 조언하기 등
* **상대방의 탓으로 문제를 몰아간다** 사실과 상관없이 상대 잘못이라고 몰아세우기, 실제 문제에 비해 과도하게 비난하기 등
* **자신의 의견을 사실처럼 주장한다** 자기 생각이나 의견을 기정사실화하기, 근거 없는 내용을 사실처럼 주장하기, 이유나 증거 없이 원래 그렇다고 우기기 등
* **공격을 위한 질문을 던진다** 궁금해서 묻는 게 아닌 약점을 들추기 위한 낚시성 질문 던지기 등

불도저형이 말하는 것을 보면 기본적으로 대화가 아닌 일방적인 말하기다. 상대의 이야기를 듣지 않고 자기 얘기만 하거나 상대

의 말을 오히려 공격거리로 삼기 위해 꼬투리를 잡는다. 이런 공격적 불도저형을 상대하는 사람이 똑같이 공격적으로 대응한다면 싸움으로 이어지게 된다. 반면 수동적으로 대응한다면 단기적으로는 평화로워 보일 수 있지만 결국에는 관계가 이어지지 못하고 멀어지게 된다.

그렇다면 공격적 불도저형이 소통할 때 자주 보이는 행동은 무엇일까?

* **다른 사람의 영역 침범하기** 지나친 접촉, 동선 막기, 다리 벌리기 등 물리적 공간을 침범하거나 불편함을 주는 행동
* **공격적으로 바라보기** 눈 깜빡임 없이 뚫어져라 쳐다보기, 옆으로 흘겨보기, 위아래로 훑어보기, 아래에서 위로 치켜뜨거나 위에서 아래로 내려다보는 시선 등
* **공격적인 표정 짓기** 인상 찌푸리기, 이를 악물거나 입술 깨물기, 턱에 힘을 주거나 경직된 표정, 비웃음이나 깔보는 표정 등
* **위협적인 자세 취하기** 몸을 크게 보이려 하거나 상대를 향해 지나치게 몸 기울이기, 위에 서서 압박하듯 말하기, 삿대질이나 주먹을 쥐는 공격적인 행동 등
* **무관심한 태도 보이기** 몸을 뒤로 젖히거나 방향 틀어 앉기, 말하는 상대 바라보지 않기, 상대를 쳐다보지 않고 말하기 등

타인을 휘두르면서 자신을 지키는 불도저형의 속마음을 들여다보면 그들도 스스로 휘둘리면서 진심을 제대로 전달하지 못하기는 마찬가지다. '삶은 전쟁이고 세상은 위험하다. 사람들은 대부분 적대적이라 밟지 않으면 밟힌다. 따라서 공격은 최선의 방어다. 이겨야 살아남는 세계에서는 강하게 보여야 한다.' 우리가 이런 세계관 안에 던져졌다고 상상해 보자. 극단적으로 표현하면 불도저형에게 세상은 전쟁터이고 삶은 전투의 연속이다. 사람들은 아군 아니면 적군이고, 아군 내에서도 위아래가 구분된다. 이러한 관계에서는 우월감 아니면 열등감을 느낀다.

불도저형에게 소통은 이겨야 하는 전투이기 때문에 비교와 경쟁은 필수가 된다. 따라서 이들은 상대의 전투력을 늘 확인하려 하고 상대와의 관계를 수평 관계가 아닌 갑을의 위계질서로 나누려고 한다. 불도저형에게 예측하기 힘들고 내 맘대로 되지 않는 세상과 사람들은 곧 위협을 의미한다. 이러한 불확실성은 '내 힘으로 어느 정도 조절이 가능하다'라고 믿는 자아 통제감과 '나의 노력을 통해 어느 정도 삶을 변화시킬 수 있다'라고 믿는 자아 효능감을 공격하기 때문에 위협인 것이다.

누구에게나 다른 사람을 싫어할 권리는 있지만 해칠 권리는 없다. 내가 사과를 좋아하고 키위를 싫어한다고 해서 키위를 없앨 권리는 없다. 하지만 공격형의 경우 싫어할 권리를 해칠 권리라고 오해하는 경우가 많다. '키위'의 존재 자체를 자아 통제감과 자아 효능감을 해치는 위협으로 간주하기 때문에 불안함을 느끼고 '자기 방어'를 위해 공격하게 된다. '네가 맞을 짓을 했잖아'라고 피해자를 탓하면서 자신의 폭력을 정당화하는 말은 이런 맥락을 통해서도 이해할 수 있다.

불도저형의
단기적 이로움과 부작용

'이 사람은 도대체 왜 이런 식으로 행동을 할까?' 사람들을 대하다 보면 상대의 행동이 나의 기준에서 도저히 이해하기 힘든 경우가 있다. 이럴 때 인지행동 심리치료에서는 '행동의 기능 분석(functional analysis)'이라는 테크닉을 사용하기도 한다. 상대방이 왜 특정 행동을 하는지 이해하기 위해 그 행동이 어떤 이득을 주는지 '행동의 기능'을 분석하는 것이다. 불도저형의 세계관과 행동을 기능 분석을 통해 살펴보면 도저히 이해하기 힘들 것 같은 불도저형의 습성 또한 나름의 논리를 바탕으로 한다는 것을 알 수 있다.

장난감 가게에서 떼를 쓰는 아이를 떠올려 보자. 특히 다른 사람들이 있을 때는 정도가 심해져 바닥에 드러누워 울어대거나 침을 뱉기까지 한다. 이해하기 힘들고 극단적인 행동이지만 그 행동의 기능을 분석하면 나름의 이유가 있음을 이해할 수 있다. 아이는 자기가 떼를 쓰고 강하게 밀어붙이면 부모가 요구사항을 들어준다는 것을 알고 있고, 특히 밖에서는 '남들 보기 부끄러워' 더 빨리 항복한다는 것을 알고 있다. 이런 행동을 통해 아이는 결국 원하는 장난감을 얻는 물질적인 '이득'을 취한다. 또 마음대로 되지 않을 때 느끼는 좌절과 분노를 미리 예방하고, 부정적인 감정을 이미 느꼈을 때는 이를 빠르게 해소하는 심리적 이득 또한 취한다. 이때 '나는 강하다, 나는 할 수 있다, 나는 안전하다'와 같이 자신에 대한 긍정적인 생각과 감정을 경험하고 내면의 문제가 일시적으로 해소된다.

이렇게 양육자가 아이의 부정적인 감정에 건강하게 대응하지 못하고 아이가 밀어붙이면 져주는 수동적인 양육 환경이 불도저형 소통 방식을 만드는 조건이 될 수 있다. 반대로 공격적인 환경에서도 불도저형 소통 방식이 만들어지기도 한다. 비난과 폭력에 지속적으로 노출될 때 연두부형이 회피하거나 맞춰주면서 모면하는 반면 불도저형은 자기 보호를 위한 가장 효과적인 방법으로 공격적인 소통 방식을 학습한다. 같은 방식으로 공격하지 않으면 공격당한다고 생각하는 것이다. 또 양육자가 아이에게 무관심하거나 방임이 지속될 때도 관심을 끌기 위해서 공격적인 행동을 보이거나, 자신의 공격적인 행동에 따르는 결과에 책임져야 한다는 것을 배우지 못한 채 자라게 되면 불도저형이 될 수 있다.

이렇게 공격을 통해 자신을 보호하고 원하는 것을 얻는 경험을 반복 학습하면서 불도저형의 소통 방식은 지속된다. 또 규율을 어기거나 타인에게 해를 끼쳐도 처벌을 피해가면서 이러한 행동이 악화되기도 한다. 가령 어른이 되어서도 자신이 원하는 바를 얻기 위해 상대의 약점을 들추며 협박하고 창피를 주거나 원하는 것을 얻을 때까지 떼를 쓰는 경우가 이에 해당된다. '무관심보다 나쁜 관심이 낫다'는 말처럼 타인의 관심을 끌기 위해 자극적인 콘텐츠로 타인을 공격하는 것 또한 비슷한 맥락에서 이해할 수 있다.

하지만 불도저형 소통의 부작용은 연두부형 못지않게 크다. 상대를 공격하고 이기면 자존감이 회복될 것 같지만 이는 일시적일 뿐이다. 근본적으로 내면의 문제는 해소되지 않아 오히려 자존감은 낮아진다. 불도저형 소통 방식은 상대의 반격을 유도하고 지나치게 많은 적을 만들게 될 수도 있다. 사방을 적으로 만들어 버리면 언제 공격당할지 모르는 두려움과 피해의식으로 날과 촉을 세우게 된다. 그리고 이러한 감정은 언제 위협이 될지 모르는 수많은 변수를 통제하려는 행동으로 이어지기도 한다. 오지 않은 미래나 타인의 마음 같이 불확실한 모든 것을 예측하고 통제하는 것은 불가능하기 때문에 결국 마음이 편안할 틈이 없다. 불도저형이 이렇게 삶을 진짜 전쟁터로 만들어 가면서 자신이 믿는 '냉혹한 현실'은 실제로 냉혹한 현실이 되어 버린다.

누구나 사랑받고 인정받고 싶어 하지만 그렇지 못한 자신의 모습에 자존감이 낮아질 때가 있다. 하지만 불도저형은 열등감을 느낄 때 스스로 알아채고 건강한 방식으로 처리하면서 자존감을 회복하는 과정에 미숙하기 때문에 타인을 공격하고 낮추는 방식으로 자신의 우월감을 확인하고, 열등감으로 인해 깨지기 쉬운 자아를 과잉보호하려 한다. '네가 나를 화나게 했잖아, 네가 혼날 짓을 했잖아' 같은 방식으로 '자신을 괴롭힌' 타인과 사회라는 외부 요소에 책임을 전가하려고 하기 때문에 내면의 문제를 스스로 해결하려는 책임감이나 능력을 키울 기회를 차단한다. 강하고 씩씩하게 보이는 불도저형 또한 내면의 불편함을 해소하기 위해 타인을 필요로 하기 때문에 결국 타인 의존적이라고 할 수 있다.

따라서 사람들을 휘두르는 불도저형 역시 겉으로는 강해 보이지만 '상처받기 쉬운 민낯'을 대면하고 회복하지 못한 채 스스로 휘둘리기 때문에 정작 속으로는 자존감이 낮아지기 쉽다. 불도저형의 공격적 태도는 당장은 이기는 것처럼 보여도 결국 상처만 남은 승리가 될 수 있다.

겉과 속이 다른 '수동공격적 돌려까기형'

앞에서 살펴본 수동적 연두부형은 상대가 자신을 공격하도록 허용하거나 스스로 자신을 공격한다. 반면 불도저형은 대놓고 상대를 공격한다. 그렇다면 수동공격적 돌려까기형은 어떨까? 돌려까기형은 숨어서 저격한다. 따라서 의사소통의 유형 중에 가장 상대방을 혼란스럽게 만드는 유형이다.

돌려까기형은 공격의 메시지를 수동적이거나 심지어 피학적인 태도로 포장하기도 한다. 피학적인 태도로 공격하는 방식은 자기 자신을 공격하는 형태로 상대방에게 죄책감과 책임감을 유발하는 우회적인 공격 방식을 말한다. '내가 죽으면 다 너 때문이야'라는 자실 협박 같은 행동, '내가 나쁜 사람이지'라고 자신을 탓하며 상대의 죄책감을 자극하는 행동, '사실은 내가 피해자'라며 상대를 나쁜 사람으로 몰아가는 행동이 피학적인 공격의 예가 된다. 따라서 돌려까기형을 상대하다 보면 콕 찍어서 설명하기 힘들지만 왠지 모르게 찝찝하고 불쾌한 기분을 느낄 가능성이 높다.

그 이유는 우선 모호하게 여러 해석의 여지를 남기면서 자신이 빠져나갈 구멍을 만들고선 감정적으로 반응하는 상대방에게 '네가 예민해서'라고 책임을 전가하기 때문이다. 돌려까기형의 소통 방식은 눈에 띄지 않게 '정황'을 만들어가며 간접적으로 공격하기 때문에 상대방은 '기분이 나빠서는 안 되는데 기분이 나쁜' 자신에게 문제가 있는 것은 아닐까 의구심을 갖게 된다.

또 다른 이유는 돌려까기형의 소통 방식 자체가 모순적일 때가 많기 때문이다. 부드러운 목소리로 칭찬하지만 실제 그 안에 담긴 내용은 상대방을 낮추는 것이고 이에 대응하면 '농담일 뿐'이라면서 상대방을 '이상한 사람'으로 만들거나, 먼저 공격해 놓고 상대방이 반격하면 '너 때문에 상처받았어'라며 피해자와 가해자의 입장을 뒤바꾸기도 한다. '숨어 있는 핵심 메시지의 매운 맛'과 그것을 표현하는 '순한 워딩'이 모순되거나, 웃는 표정으로 비난하는 것처럼 '말의 언어'와 '몸의 언어'가 모순되어 엇박자가 날 때 상대는 혼란을 느낀다.

돌려까기형이 자주 하는 말과 행동

돌려까기형의 소통 방식은 수동형과 공격형이 합쳐 한층 '진화'한 형태라고 할 수 있다. 따라서 표면적으로는 수동형이나 공격형의 특징과 겹치거나 비슷해 보이기도 하지만 차이점이 있다. 그렇다면 돌려까기형의 말과 행동에는 어떤 특징이 있는지 구체적으로 살펴보자.

* **공격적 회피하기** 수동형이 자신을 향한 공격에 대응하지 못해 못 들은 척하거나 웃어넘기는 것과 달리 돌려까기형의 회피는 공격의 목적과 의도를 가진다. 일부러 화제를 돌려 상대방의 말을 못 듣는 척하거나 모르는 척하면서 상대의 생각, 감정, 요구를 묵살한다.
* **의도적인 지연이나 무성의한 반응 보이기** 상대방의 요구를 의도적으로 질질 끌거나 무능력한 척하고 '영혼 없는 반응'으로 일관하여 상대가 스스로 포기하도록 한다.
* **투명인간 취급하기** 은근하게 따돌리며 무리 내에 끼워주지 않거나 없는 사람처럼 '패싱'하며 나가라는 메시지를 간접적으로 전달한다.
* **가짜 칭찬하기** 겉으로는 칭찬하는 듯하지만 실제로는 약점

을 들추거나 비난하는 내용을 담은 '가시 돋친 칭찬'을 건넨다("축하해, 예전엔 눈에 띄지도 않더니 지금은 몰라보게 잘됐다" 등).

* **불리한 여론 형성하기** 친한 친구에게 하소연하고 끝내거나 위험한 경우를 경고하고 보호하려는 목적이 아니라 적극적으로 불리한 여론을 만들어 사회적 처벌을 목적으로 공격한다("난 이해되는데 다들 네가 예민하다고 그러더라", "A는 이런 사람이니까 어울리지 마" 등).
* **평가하기** 불도저형과 달리 부드러운 태도이지만 마찬가지로 우월한 위치를 점하며 상대의 옳고 그름, 좋고 나쁨 등에 대한 평가를 내린다.
* **희생양 행세하기** 자신이 피해자인양 행동하면서 상대방의 동정심, 죄책감, 책임감을 자극하여 원하는 바를 취한다("내가 이렇게 힘들어하는데 꼭 거절해야겠어?", "엄마가 너를 어떻게 키웠는데 말을 안 듣니?", "나를 나쁜 사람 만드니까 속이 시원하니?" 등).
* **일방적 친밀함 보이기** 칭찬하거나 친근한 태도를 보이는 등 친한 척하면서 타인의 영역을 침범하여 간섭하거나 권위를 행사하며 지시한다. 또는 가까운 관계임을 일방적으로 주장하면서 이런 관계에 대한 자신의 기대를 깨뜨리지 못하도록 상대를 압박한다("내 자식 같아서", "우리 사이에", "내가 널 아껴서 그러는데", "너 밖에 없어" 등).

* **원하지 않는 선물하기** 마치 호의를 베푸는 것처럼 원하지 않는 조언을 은근히 밀어 넣는다. '다 너를 위해서', '다 너한테 좋으라고 하는 말이야' 같이 따뜻하게 말하지만 그 이면에는 '내가 더 잘 아니까' 혹은 '내가 호의를 베풀었으니까 내 말대로 해'라는 지시를 내포하며 따를 것을 강요한다. 상대를 위하는 척 배려로 포장하지만 실은 불도저형과 마찬가지로 자신을 위한 권위 행사와 통제에 가깝다. 하지만 호의를 베푸는 것 같은 행동으로 인해 상대방은 부채 의식을 갖게 되어 거절하거나 선을 긋기 어렵게 된다.
* **배고픈 사람 앞에서 잔칫상 차려 먹기** 타인의 불행과 고통을 뻔히 알면서 의도적으로 고통을 악화시키기 위해 과도한 자랑으로 위화감을 조장하거나 상대의 박탈감, 분노, 열등감 등을 의도적으로 조장하고, 이를 통해 우월감을 느끼려고 한다.
* **언행 불일치** 몸의 언어와 말의 언어가 일치하지 않는 모습을 보인다. 가령 말로는 괜찮다고 하면서 싸늘한 표정을 짓는 등 괜찮지 않다는 것을 행동으로 표현하면서 상대가 눈치 보게 만들고 알아서 맞춰주기를 은근히 요구한다. 혹은 말과 행동이 모두 배려하는 것 같지만 핵심 메시지는 공격하는 방식으로 일관성이 없는 경우도 해당된다.

상대와 상황에 따라 달라지는 돌려까기형

그렇다면 돌려까기형이 이렇게 소통하는 이유는 무엇일까? '행동의 기능 분석'을 적용해 보면 이러한 방식이 결국 자신에게 가장 효율적이고 유리하기 때문이라고 이해할 수 있다. 즉, 불도저형처럼 드러내고 공격하기에는 불리한 상황에 처해 있거나 그렇게 될 것이라고 판단하기 때문이다. 그렇다면 돌려까기형이 판단하는 '불리한 상황'이란 무엇일까? 돌려까기형의 수동공격적 소통 방식이 전략적으로 유리하다고 생각하는 대표적인 상황 몇 가지를 살펴보자.

먼저 자신이 상하 관계의 약자 위치일 때이다. 가령 직장, 가정, 학교 내에서 나이나 권력, 지위, 물리적인 힘에 따른 위계질서에서 자신이 상대적으로 '을'이라고 판단할 때 직접적인 공격 대신 간접적인 공격을 시도한다.

직접적인 표현을 억압하는 문화적 영향을 받을 때도 마찬가지다. 갈등 상황에서 '직접적으로 불만을 표현하는 것은 무례하다'라고 여기는 사회적 분위기나 환경인 경우 대놓고 상대에게 불만을 토로하거나 공격하면 오히려 자기가 비난을 받을 수 있다. 이런 경우 모호하게 돌려 말하는 화법이 거부감이 덜하다고 판단하고 수동공격적 소통 방식을 보이는 것이다.

마지막으로 드러내어 공격하면 자신이 손해를 볼 때이다. 법과 제도, 혹은 집단 규칙의 테두리를 벗어나면 처벌받을 가능성이 있을 때, 또는 법적 처벌까지는 아니어도 인성 논란 같은 여론 악화, 명예 실추, '나쁜 사람'이라는 비난, 따돌림 등 사회적 처벌이나 금전적 손해 등이 예상되는 상황에서 책임을 회피하려고 할 때 도망칠 구멍을 만들면서 은근히 상대를 공격한다.

이렇듯 돌려까기형의 소통 방식은 언뜻 보면 공격형으로 보이지 않을 때도 있기 때문에 더 까다롭고 어렵게 느껴지기도 한다.

따뜻하지만 휘둘리지 않는 '건강한 단호박형'

대화를 할수록 호감이 가는 사람들이 있다. '아 다르고 어 다르다'는 속담처럼 같은 메시지도 전달하는 방식에 따라 다르게 받아들이게 마련이다. 이렇게 거절이나 비판의 메시지라도 상대를 공격하지 않으면서 효과적으로 전달하는 사람들이 있는데, 이러한 유형은 따뜻하지만 휘둘리지 않는 건강한 단호박형에 가깝다. 이들은 상대를 공격하지 않으면서도 자신의 뜻을 명확하게 잘 전달하고, 상대의 말을 잘 들어주고 호응해주면서도 무리해서 부탁을 들어주느라 애쓰지 않는다. 즉, 적절하게 받아들이고 적절하게 거절하는 소통 방식이 건강한 단호박형의 모습이다.

단호박형이 자주 하는 말과 행동

단호박형의 사람들은 불도저형이나 연두부형과는 달리 서로의 권리를 존중하며 자신의 무게 중심을 지킨다. 먼저 건강하게 소통하는 단호박형의 언어적 특징을 살펴보자.

* **긴장하지 않고 말하기** 목소리에 불안함이나 망설임이 없고 안정감과 여유가 느껴진다.
* **적당한 톤으로 말하기** 목소리가 너무 크거나 작지 않게, 또 높낮이가 심하게 오르내리지 않게 큰 기복 없이 이야기한다.
* **적당한 속도로 말하기** 너무 빠르거나 느리지 않은 속도로, 단어 사이에 적절한 간격을 두고 이야기한다.
* **차분하게 말하기** 지나치게 감정적인 표현을 사용하거나 흥분하지 않고 상황과 생각을 차분히 전달한다.
* **분명한 문장 사용하기** 말을 질질 끌거나 문장 끝을 흐리지 않고 명료하게 마무리한다.

그렇다면 단호박형이 소통할 때는 어떤 행동을 주로 관찰할 수 있을까?

* **적절하게 눈 맞추기** 뚫어지게 바라보거나 피하지 않고 대상을 향해 시선을 적절하게 분배한다. 상대방의 눈 맞춤을 회피하면 부정적인 의미로 전달될 가능성이 크다.
* **안정감 있는 자세 취하기** 한쪽으로 기울거나 불안정한 자세를 오래 유지하면 불안하고 불편해 보인다. 구부정하고 위축된 자세는 수동적으로 보이고, 반대로 다리를 벌리고 뒤로 몸을 기대면 상대를 존중하지 않거나 무관심한 태도로 보일 수도 있다. 단호박형은 경직되거나 어색하지 않게 적당히 편한 자세를 보인다.
* **적절한 거리 유지하기** 너무 가까운 거리는 상대의 영역을 침범하여 불편할 수 있고 너무 먼 거리는 그만큼 소통의 거리를 두는 것으로 보일 수도 있다. 건강한 소통에는 적절한 거리가 필요한데, 아주 가까운 관계를 제외한 일반적인 상황에서는 팔을 앞으로 뻗었을 때 정도의 거리가 적절하다.
* **긍정적인 반응하기** 상황에 따라 고개를 끄덕이거나 제스처를 통해 반응을 보이고 관심을 표현한다.
* **언행일치** 말의 내용에 따른 적절한 감정 표현을 한다. 가령 '나는 하고 싶지 않아'라는 거절의 말을 할 경우 분명하고 침착한 태도로 말한다면 따뜻한 단호함이 되지만 소리를 지른다면 공격적이 된다. 유쾌한 내용에는 웃는 표정을 하며 가볍게 손

뺵을 치거나 심각한 내용에는 진지한 표정을 하는 등 전하고자 하는 메시지와 그것을 표현하는 말의 언어와 몸의 언어에 일관성을 보인다.

단호박형 소통이 주는 근본적인 이로움

단호박형은 지금까지 살펴본 4가지 소통 유형 중 가장 건강한 소통 유형이다. 하지만 단호박형이 되는 길은 쉽지 않다. 변화에는 걱정과 두려움뿐만 아니라 실질적인 부작용 또한 따를 수 있기 때문이다. 특히 연두부형의 경우에 그동안 이득을 보고 있던 주변 사람들은 연두부형이 '하던 대로 하지 않고' 갑자기 자신의 권리를 주장하며 선을 긋게 되면 익숙하지 않은 모습에 놀라거나 반발할 수 있다. 심지어 다시 예전의 수동적인 태도로 돌아가도록 공격적으로 변하기도 한다. 그뿐 아니라 연두부형 자신에게도 몇 십년간 살아온 수동적인 삶의 방식을 갑자기 바꾼다는 것은 서툴고 어색하며 어려운 일이다.

불도저형 역시 변화는 쉽지는 않다. 기존의 방식대로 사람들을 밀어붙여 빠르고 간편하게 문제를 해결하지 않고 건강하게 소통하는 과정은 인내심이 필요하다. 이런 과정을 거친다 해도 자신이 원하는 결과를 얻지 못할 수도 있다. 밟지 않으면 밟히는 적대적 세계관을 현실로 만들어온 불도저형의 경우, 공격을 통해 자신에게 유리하게 상황을 통제해 왔는데 갑자기 이런 방식을 내려놓게 되면 반대로 주변의 공격을 받기도 한다.

돌려까기형 또한 문제를 드러내고 건강하게 해결하는 과정에서 선택하거나 책임져야 할 부분이 생기면서 손해를 본다고 생각할 수도 있다.

이렇듯 단호박형 소통을 하기 위해서는 변화에 적응하는 과정에서 자신뿐만 아니라 주변 인물과 상황 또한 함께 성장통을 겪기도 한다. 하지만 이런 부작용에도 불구하고 단호박형으로 변화를 시도하는 것은 3가지 유형 모두에게 장기적인 관점에서 가치가 있다. 건강한 소통을 통해서 소통의 문제를 근본적으로 해결하고 관계를 개선할 수 있으며, 결국 자존감이 회복될 수 있다.

위협을 느끼면 우리는 본능적으로 자신을 보호하려고 한다. 소통이 전투가 될 때 뇌와 몸 전체에 '위기 시스템'이 발동되어 다양한 정보를 종합적으로 파악하고 처리할 마음의 여유가 줄어든다. 마치 처음 운전을 배울 때 긴장해서 코앞만 보고 가는 것처럼 마음의 시야 또한 좁아진다. 이때 자신을 지나치게 의식하게 되고 머릿속이 복잡해지면서 위험 신호를 감지하는 데만 급급하기 때문에 넓은 시야로 전체적인 상황을 파악하기 어렵다. 단호박형 소통은 폭넓은 마음의 시야를 확보하여 '반응이 아닌 대응'을 선택할 수 있는 마음의 여유를 준다.

따뜻하면서 단호한 소통 기술은 올바른 소통과 관계의 근본적인 해법이 된다. 나 자신과의 건강한 소통을 통해 자신의 마음을 알아차리고 타인과의 건강한 소통을 통해 자신의 마음을 효과적으로 표현할 수 있다. 단호박형 소통은 감정을 쌓아 두지 않고 그때그때 건강하게 해소하고, 관계에서 발생하는 문제와 갈등을 원만하게 다루는 힘을 키워준다. 이런 경험이 축적되면 문제가 생겨도 스스로 대응할 수 있다는 자신감이 생긴다. 따라서 단호박형 소통은 자존감을 높여줄 뿐만 아니라 우리가 각자의 자유와 책임의 영역 안에서 관계를 편안하게 이끌어 갈 수 있도록 도와준다.

1. 연두부형, 불도저형, 돌려까기형, 단호박형의 4가지 소통 유형 중에 나의 소통 방식과 가장 가까운 유형은 무엇인지 생각해 보자.

① 누가, 언제, 어디서, 무엇을 했을 때 휘둘렸는지 최근의 경험을 떠올려 보자. 나는 어떤 행동으로 반응했는지 구체적으로 점검해 보고, 이 행동은 어떤 소통 유형에 해당되는지 동그라미를 쳐 보자.

수동적 연두부형 (　) 공격적 불도저형 (　)
수동공격적 돌려까기형 (　) 건강한 단호박형 (　)

② 과거에 비슷한 상황에서 비슷한 행동으로 반응한 적이 있는지 생각해 보자. 특히 반복되는 소통 패턴이 있는지 체크해 보자.

2. 반복되는 소통 유형을 파악했다면 행동 기능 분석을 통해 이러한 소통 방식에 어떤 이로운 점과 불리한 점이 있는지 생각해 보자. 또 휘둘리지 않고 할 말을 하는데 걱정과 두려움이 있다면 적어 보자.

① 내 소통 유형의 이로운 점은 무엇일까?

② 반대로 불리한 점은 무엇일까?

③ 휘둘리지 않고 할 말을 하는데 대한 걱정과 두려움을 '할 말을 해서 ____________ 하면 어쩌지?'라는 형식으로 적어 보자.

3. 1장의 자기 돌봄 과제에서 '누구와 무엇을' 할 때 휘둘리기 쉬운지 '위기 상황'을 파악하는 체크리스트를 작성해 보았다. 이것을 바탕으로 내가 유난히 휘둘리기 쉬운 상대가 있는지, 어떤 상황에서, 어떤 말과 행동에 특히 휘둘리기 쉬웠는지 과거의 경험을 떠올려 보자. 그리고 내가 휘둘리기 쉬운 상대는 어떤 소통 유형에 해당되는지 생각해 보자.

① 누가, 언제, 어디서, 무엇을 했을 때 휘둘리기 쉬웠나?

② 내가 특히 휘둘렸던 말과 행동은 무엇이었나?

③ 내가 특히 자주 휘둘리는 상대의 소통 유형은 무엇일까?

3장

우리가
휘둘리는 어른으로
자라는 이유

후회만 가득한 과거와
불안하기만 한 미래 때문에
지금을 망치지 마세요.
오늘을 살아가세요.
눈이 부시게.
당신은 그럴 자격이 있습니다.

김혜자,
백상예술대상 수상 소감 중

어디서부터 휘둘리기 시작한 걸까

앞서 우리가 소통의 어려움을 겪는 3가지 이유에 대해 이야기했다. 첫째는 휘둘리지 않고 할 말은 한다는 것이 '무엇'이며 '어떻게' 하는지 구체적인 방법을 모르기 때문이고, 다음으로 '무엇'과 '어떻게'를 이해하더라도 자꾸만 걱정과 두려움이 앞서기 때문이며, 마지막으로 우리를 옭아매는 걱정과 두려움을 걷어냈음에도 예전 습관대로 반응하는 마음의 관성 때문이다.

이에 따라 1장에서는 건강한 소통이 무엇인지 이해하고 우리가 소통에 대해 흔히 가지기 쉬운 오해를 짚어 보았고, 2장에서는 수동적 연두부형, 공격적 불도저형, 수동공격적 돌려까기형, 건강한 단호박형의 4가지 소통 유형에 대해 살펴보았다. 3장에서는 우리가 휘둘리면서 할 말을 하지 못하는 두 번째 이유, 즉 건강한 소통을 방해하는 걱정과 두려움에 대해 알아보자.

걱정과 두려움은 우리가 할 말을 제대로 하지 못하고 휘둘리게 만드는 대표적인 마음의 올가미다. 그렇다면 이 같은 걱정과 두려움은 어디서 오는 것일까? 바로 과거의 경험을 통해 학습한 것이다. 우리는 상처받았던 과거의 기억을 되살리고 또다시 상처받을까 봐 걱정하고 두려워한다. 이제부터 과거의 경험을 통해 어떻게 마음의 올가미가 만들어지고 할 말을 하지 못하는 어른으로 성장하게 되는지 살펴보자.

우리는 모두
소통 능력을 타고난다

"전 예민한 기질인 것 같아요. 유리 멘탈이라고 하나요? 할 말을 잘하는 사람들은 타고나는 게 아닐까요?"

지현은 자신이 태생적으로 예민하고 멘탈이 약하다고 이야기한다. 할 말을 잘하는 사람은 타고나는 것이라 자신은 그렇게 될 수 없다는 것이다. 하지만 앞에서 이야기했듯이 소통 능력은 성격이 아니라 후천적으로 학습 가능한 기술의 문제라고 할 수 있다. 굳이 타고나는 기질적 측면에서 따져 본다면 모두가 생존을 위한 소통의 하드웨어를 기본적으로 장착하고 태어났기 때문이다.

우리는 태생적으로 소통 능력을 타고나지만 할 말을 하지 못하는 어른으로 성장한다. 배가 고프다며 자지러지게 우는 아기는 온몸으로 자신의 의사를 표현한다. 어떤 아기도 '내가 울면 집안 분위기를 망치는 게 아닐까?' 하며 눈치 보지 않는다. 배고프면 울고, 아파도 울고, 지루해도 운다. 말 못하는 아기에게는 우는 것만이 자신의 불편함을 해소해 달라고 표현하는 유일한 소통 방법이다. 이렇게 자신이 필요한 것, 원하는 것을 요구하고 드러내는 것이 인간의 타고난 생존 본능이라고 할 수 있다. 그런데 왜 우리는 할 말을 하지 못하는 어른으로 성장하는 것일까?

아기는 성장하면서 주위 환경에 적응하고 사람들과 상호작용하면서 소통의 기술을 학습한다. 사람은 기본적으로 원하는 것을 얻고 괴로운 것은 피하고 싶어 하는데, 나이를 먹을수록 울기만 하는 방식은 더 이상 통하지 않는다는 것을 깨닫게 된다. 마치 효율적이고 유리한 방식으로 전자기기의 소프트웨어를 프로그래밍하고 주기적으로 업데이트하는 것처럼, 우리는 단순하고 일방적인 표현 방식에서 벗어나 여러 상황에 맞게 다양하고 정교하게 소통 전략을 다듬어 간다. 이런 과정을 거쳐 원하는 것을 얻고 괴로운 것을 피하는 가장 효율적이고 유리한 소통 유형에 이르게 된다.

"하지만 수동적인 소통 방식은 저에게 불리하기만 한 것 같은데요?"

지현은 이해가 안 된다는 듯 되묻는다. 그렇다면 그녀는 왜 자신에게 불리해 보이는 소통 방식을 최선의 방식으로 선택하게 된 것일까? 해답은 과거에 있다. 유년시절의 그녀에게는 수동적으로 소통할 경우 잃는 것보다 얻는 것이 많았고, 설령 무언가 잃더라도 자신에게 더 중요한 것을 지킬 수 있었기 때문이다. 즉, 거절하지 못해 타인의 짐을 떠맡아 힘든 것은 잃는 것이었지만, 이를 통해 상대의 비난이나 죄책감을 피하고 관계를 지킬 수 있다는 안정감이 당시에는 더 중요했던 것이다.

지현은 고개를 저으며 말했다. "그렇지만 이제 더 이상 휘둘리는 관계를 반복하고 싶지는 않아요."

자라면서 만드는 소통의 기본 프로그램

습관대로 반응하는 마음의 관성에 따라 움직일 때 우리는 같은 문제가 반복되는 것을 발견하곤 한다. 분명히 새로운 사람과 연애를 하는데 과거의 연애와 비슷한 패턴으로 만나고 헤어짐을 반복하는 것처럼 말이다. 친구 관계도 마찬가지다. 주는 사람은 계속 주기만 하다가 결국 지쳐서 관계가 깨져버리기도 한다. 그렇다면 소통의 '기본 프로그램'은 어떻게 만들어지고 마음의 관성으로 유지

되는 것일까? 왜 관계의 문제는 반복되는 것일까? 그 실마리는 과거에서 현재까지 이어지는 '관계 이력서'에 있다.

관계 이력서의 첫 줄은 생애 처음으로 관계를 맺는 부모이며 생애 첫 사회 집단인 가족이다. 부모, 가족과의 관계는 현재의 소통 유형과 대인 관계에 대한 기본 틀이 된다는 점에서 중요하게 들여다볼 필요가 있다. 부모와 소통하는 과정에서 아이는 자신이 어떤 행동을 하면 부모가 상을 주고 벌을 주는지 끊임없이 피드백을 관찰한다. 형제자매가 있다면 좀 더 복잡한 상호작용이 일어나는 다각형의 구조 안에서 관계와 소통의 '규칙'을 배우게 된다.

누구에게나 '처음'은 강렬하다. 많은 것이 '처음'이었던 생애 초기에 행복했고 두려웠고 상처받았던 순간의 강렬한 감정이 엮인 경험은 특별한 기억의 데이터로 층층이 쌓인다. '기본 값'과 같은 초기 데이터가 쌓여서 자기 자신과 다른 사람, 세상을 바라보는 관점이 되고, 이에 대응하는 소통의 기본 틀을 만든다. 이것이 곧 소통의 '기본 프로그램'이 된다. '세상은 이런 곳이구나. 사람들은 이렇구나. 세상 속에서 사람들과 함께 사는 나는 이런 사람이구나.'

불확실한 세상에서 안정감을 느끼고 사랑받고 인정받고 싶은 마음과 상처받지 않으려 애쓰는 마음은 이제 '그러므로 응당 이러해야 한다'라는 삶의 규칙이 되어 우리가 살아가는 법이 된다. '이렇게 해야 사랑받고 인정받는구나. 이러지 않으면 상처받는구나'

하는 것을 상호관계와 시행착오를 통해 배운다. 유년기에 형성된 기본 틀을 바탕으로 우리는 가정에서 사회로 관계 맺음을 확장해 나가고, 또 그 속에서 자신의 역할과 가치를 가늠한다.

만일 휘둘리는 관계를 어른이 된 지금도 반복하고 있다면 가치관을 형성하는 생애 초기에 부모로부터 적절한 애정과 통제를 경험하지 못했거나 가족 구성원 간에 공격적이거나 수동적인 태도로 갈등을 처리하는 환경에 지속적으로 노출되었을 가능성이 있다. 마치 정해진 대로 업무를 오랫동안 반복하여 처리하다 보면 단점을 보완한 새로운 방식이 나오더라도 손에 익은 옛날 방식이 더 편하고 효율적으로 느껴지는 것처럼, 관계가 확장되고 상황이 변했는데도 우리는 하던 대로 하는 마음의 관성을 따르게 된다. 이렇게 과거의 경험을 통해 형성된 '기본 프로그램'이 더 이상 업데이트되지 않고 어른으로 성장할 때 소통의 문제를 겪을 수 있다. 그렇게 관계는 반복된다.

누구에게도 당연한 상처는 없다

"저는 어쩌다 여기까지 온 걸까요?" 자신을 도저히 이해할 수 없다는 듯이 지현은 묻는다. 하지만 과거를 살펴보면 왜 수동형으로 성장했고 왜 이러한 소통 방식이 최선의 선택이었는지 이해할 만한 이야기가 전개된다.

지현은 최근 승진시험에 탈락하고 우울감이 심해졌다. 노력한 만큼 결과가 나오지 않을 때 누구나 실망하고 우울해할 수 있지만, 그녀에게는 그 이상의 의미가 있는 것 같았다.

"왜 너는 이것밖에 못해?" 서른 중반, 부모의 그늘을 벗어난 지금까지도 엄마의 무서운 얼굴은 망령처럼 따라다닌다. 엄마의 다그침은 어느덧 자기 자신의 다그침이 되어 스스로를 몰아붙인다. "왜 나는 이것밖에 못할까?"

지현이 자신을 대하는 방식을 보면 아무 대꾸도 허락하지 않는 강압적이고 권위적인 엄마의 모습을 이미 닮아 있었다. "늘 애쓰며 살았지만 부족했어요. 그래서 어디를 가도 사랑받지 못하나 봐요." 지현의 말 이면에는 '나는 부족한 사람'이라는 생각이 마치 불변의 진리인 것처럼 단단하게 뿌리내리고 있었다.

스스로를 괴롭히는 생각의 굴레

'부족하지 않아야 인정받고 사랑받을 수 있어.' 지현에게 사랑받을 자격이란 타인의 기대를 충분히 만족시킬 때에만 조건적으로 주어지는 것이었다. 하지만 그 '사랑의 조건'은 양날의 검이기도 했다. 반대로 자신이 부족하면 인정받거나 사랑받지 못해 어느 때고 쉽게 깨져버릴 수 있는 유리알 같은 것이기 때문이다. 만약 내가 제대로 하지 못한다면 나의 가치는 바닥을 치고 다른 사람과의 관계는 끊어질 것이다. 그런 두려움 때문에 지현은 버려질까 봐 두려워했고 붙잡기 위해서 애써야 했다.

마치 뼈가 부러졌는데 반창고만 붙이고 뛰는 것처럼 상처를 감추고 무리해왔다. 사랑받기 위해, 인정받기 위해 노력한 삶은 지금까지 어떻게든 그녀를 지탱하는 마음의 기둥이 되어왔다. 하지만 그것은 오래가지 않아 와르르 무너지고 만다. 서른네 살 지현의 마음 안에서는 아직도 상처받은 어린 아이가 울고 있었다.

상담사 지현 씨는 어떻게 해야 부족하지 않은 것 같아요?

지현 모든 것을 완벽하게 해내려고 했어요. 뭔가 이루기 위해 항상 조바심이 났죠. 착한 딸, 좋은 사람이 되려고 노력했어요. 그러면 아무한테도 미움받지 않을 테니까요. 그래서 늘 다른 사람의 눈치를 살피며 맞춰주었어요.

상담사 그러지 않으면 어떤 일이 생길까요?

지현 그러지 않으면…… 사람들이 화내거나 속상해할 것 같아요. 저를 미워하고 욕하거나 떠나겠죠.

상담사 사소한 갈등조차 없는 인간관계가 가능할까요? 사람들이 화내거나 속상해할 수도 있지만 지현 씨에게는 어떤 특별한 의미가 더 있는 것 같아요. 이런 일이 생긴다면, 지현 씨는 자기 자신에 대해서 '나는 어떤 사람이다'라는 생각이 드나요?

지현 결국 내가 문제야…… 내가 부족하고 나빴어…… 그러니까 늘 혼자야…… 이런 생각이 들어요. 마치 숨기고 싶은 '진짜 모습'을 들켜버린 것 같아요. 그런데도 저 자신을 지킬 용기와 힘이 없어요.

지현은 사람들과 어떠한 문제도 일으켜서는 안 된다고 생각해 왔고 수동적으로 살아가는 게 차라리 속 편했다. 괜히 들쑤셨다가 마음 속 깊은 상처를 건드리고 싶지 않았던 것이다. "내가 원하는 곳이 어딘지도 모른 채, 마냥 달아나려고 했던 것 같아요." 하지만 결국 자기 자신으로부터 도망칠 곳은 없다. 오랫동안 마음 안에 자리 잡은 부정적인 생각들로 인해 자기 자신뿐만 아니라 다른 사람들과의 관계가 모두 어려웠다. 유난히 힘든 하루를 보내고 나면 세상과 사람과 자기 자신에 대해 더욱 부정적인 생각에 휩싸인다.

"제 자신을 사랑할 수 없어요. 그러니 다른 사람에게 사랑을 주거나 받을 수도 없겠죠. 제 성격이 부정적이라서 그런 것 같아요."

결국 문제의 원인은 늘 자신에게 있는 것 같다. 그렇다면 지현이 '성격'이라고 규정하는 마음의 기본 프로그램은 어떤 생각들로 이루어져 있을까? 그녀를 괴롭히는 생각들은 어디서부터 어떻게 시작된 것일까?

죄책감:
항상 내가 문제야

돌이켜 보면 지현은 '항상 내가 문제야'라는 생각을 하며 자랐다. "내가 누구 때문에 희생하는데." 지현의 엄마는 입버릇처럼 말했다. 자신이 엄마의 삶에 걸림돌이 되었다는 태생적인 죄책감으로 지현은 엄마의 서러운 삶을 책임져야 한다는 부채 의식을 갖게 되었다. 자신이 태어나지 않았다면 평탄했을 엄마의 삶에 희생과 고통을 초래했다는 생각이 '원죄'가 되어 엄마에게 늘 짐이 되는 존재라고 생각했다. "내가 너를 어떻게 키웠는데." 특히 이런 말은 마법의 주문과도 같아서 어떤 요구도 거스르기 힘들었다.

'항상 내가 문제'라는 생각은 부모가 다투는 날이면 더했다. 엄마는 '늘 너 때문에 집안에 분란이 난다'는 결론으로 마무리했고 지현은 '항상 내가 문제'라는 생각을 마음에 되새겼다. 다혈질에 작은 일에도 버럭 하는 아빠는 지현이 밥상에서 장난이라도 치면 '집에서 애를 어떻게 가르치는 거냐'며 엄마에게 소리를 질러댔고 엄마의 분노는 다시 딸에게 향했다. 먹이사슬과 같은 비난의 고리에서 결국 마지막에 서 있는 것은 어린 지현이었다. 지현은 '죄송합니다'라는 습관성 사과를 아직도 입에 달고 산다.

친구 관계도 마찬가지였다. 지현은 친구들과 문제가 생겨도 항상 자기 탓인 것 같았다. "네가 잘못했으니까 애들이 그러겠지. 사과하고 사이좋게 지내." 동생이나 친구와 문제가 생겼을 때 엄마의 간편한 해결 방식이었다. 혹시라도 문제가 생길 것 같으면 늘 먼저 양보하거나 사과하고 넘어가는 것이 당연했다. 이런 방식으로 덮고 지나갔지만 여전히 풀리지 않은 마음의 응어리는 남았다. 하지만 친구들과 속상했던 이야기를 하려 해도 '네가 엄마보다 힘들 리 없다'는 엄마의 반응에 지현의 아픔은 한없이 가벼워졌고, 그렇지 않아도 힘든 엄마에게 이기적이고 귀찮은 아이가 되는 것이 싫어 혼자 삭혔다. 무책임한 아빠의 역할까지 혼자 해냈던 엄마의 삶에선 어린 지현의 '시시콜콜'한 아픔은 가당치 않은 것이었기 때문이다. 그래서 학교에서 어려운 일이 있어도 힘들다는 말이나 어떤 요청도 하지 않았다. 그렇게 어떤 '문제'도 일으키지 않는 착한 아이가 되어 비난과 죄책감을 피해 왔다. "결국은 다 내 잘못이었어요."

불안함:
잘못하면 버려질 거야

어렸을 때 지현은 늘 불안했다. 무관심한 아빠와 늘 피곤하고 화나 있는 엄마의 다툼은 끊이지 않았다. 사소한 일이 도화선이 되어 큰 다툼으로 번지면 지현은 '너 때문에 집안이 시끄럽다'는 비난의 화살을 맞았다. 그러다 보니 언제 어디서 '나 때문에' 문제가 터질지 몰라 늘 눈치를 살피게 되었고 '나 때문에 일어난 어른의 싸움'은 곧 지현의 행동 규칙이 되었다. '사람들이 화내지 않도록 조심해야 돼. 다른 사람의 감정은 내 책임이니까 내가 해결해야 해.' 그렇게 하지 않으면 버려질 거라고 여겼다. 어린 지현은 엄마와 아빠의 기분을 풀어주거나 둘 사이를 화해시키기 위해 애썼다.

어린 마음에 가정이 깨지면 자신이 버려질 거라는 두려움이 늘 자리 잡고 있었다. 어른들의 문제는 여섯 살 아이가 해결할 수 있는 것이 아니었지만 그래도 자신이 짊어져야 한다고 믿었다. 애초에 풀 수 없는 문제, 실패할 수밖에 없는 문제를 떠안으면서 어린 소녀에게 세상은 좌절감을 안겨주는 감당하기 어려운 곳이 되었다.

부부싸움 끝에 분노가 한 김 식은 뒤 앉아 있자면 슬픔이 밀려온다. '가여운 엄마.' 엄마의 기분을 풀어주려고 해도 소용없었다. 홀로 소주잔을 비우며 흐느끼는 엄마 곁에서 하소연을 들어주는 것이 지현이 할 수 있는 유일한 것이었다. 그렇게 엄마의 슬픔은 어린 딸의 슬픔이 된다. 하지만 어른을 달래는 아이의 슬픔은 누구도 달래 주지 않는다. 그렇게 지현은 일찍 철이 든 애어른이 되어갔다.

좌절감:
최고가 아니면 사랑받을 수 없어

맏딸은 모범이 되어야 했기에 지현은 유난히 엄한 훈육을 받았다. 동생들이 태어난 후로는 더욱 말 잘 듣는 아이가 되어갔다. 몸이 자주 아팠던 둘째와 예쁘기만 한 막둥이 아들에게 모든 관심이 돌아갔기에 자신이 상대적으로 덜 중요하다는 생각을 일찌감치 받아들였다. 첫째라서 늘 양보하는 것이 당연했지만, 그것 말고는 구체적으로 어떻게 해야 동생들과 사이좋게 지낼 수 있는지 배운 적은 없었다. 그러다 싸움이라도 나면 동생들을 제대로 돌보지 못한 언니, 누나의 책임이었기 때문에 사과하고 양보하면서 무난히 지나가길 바랐다.

지현은 사랑받고 인정받을 이유를 증명해야 했다. 하지만 90점을 받으면 100점이 아니었기 때문에 부족했고 전교 5등이면 1등이 아니었기 때문에 부족했다. 더 완벽해야 인정받고 사랑받을 수 있는 게 아닐까 생각하며 지현의 삶은 엄마의 감정과 욕망을 중심축으로 맴돌았다.

'그래도 너는 엄마의 사랑이고 자랑이란 한마디가 그렇게 고팠어.' 지현은 지긋지긋한 좌절감에 응어리진 마음을 소리치고 싶었지만 바싹 마른 입안에서 맴돌던 말은 갈증처럼 타다가 증발해 버린다. '단 한 번이라도 잘했다고 말해주면 안 돼?'

첫째이기 때문에 유독 칭찬에 인색하고 엄했던 엄마의 양육 방식은 차별로 느껴졌고, 그에 대한 야속함은 쌓이고 쌓여 원망과 분노가 된다. '이럴 거면 왜 낳아서 날 힘들게 해?' 하는 마음이 든다. 이제 '다 나 때문이야'는 '다 엄마 때문이야'가 된다. 하지만 엄마에 대한 원망은 곧 '나쁜 딸'이라는 죄책감으로 무거운 형벌이 되어 돌아온다. 마치 나쁜 딸로 전락한 데 대한 속죄라도 하듯 지현은 더 큰 짐을 짊어진다. "나한테는 인정받고 사랑받을 자격이 없었어요."

무력감:
아무리 잘해줘도 소용없어

요구하지 않고 싫은 말을 하지 않았기 때문에 겉으로 보이는 교우 관계에는 별 문제가 없었다. 지현은 흔한 말다툼조차 일으키지 않는 '성격이 원만하고 항상 긍정적인 착한 학생'이었다. 성적이 좋고 말을 잘 들으며 아무 문제도 일으키지 않는 '타의 모범이 되는 학생'이었다. 집에서 받지 못한 관심을 학교에서 성적으로 보상받는 것 같았고, 그것은 자신을 버티게 해주는 힘이 되었다. 그렇게 자신의 결핍을 채워갔다.

겉으로는 문제가 없는 듯했지만 사실 늘 관계가 어려웠다. 언제든 가정이 깨질 수 있는 것처럼 친구들도 언제든 떠나지 않을까 싶어 두려웠다. 자신의 일보다 다른 사람을 먼저 챙기면 붙잡을 수 있을 것 같았지만, 그럴수록 친구들은 당연하게 받아들이는 것 같았다. 친구들을 붙잡기 위해 거절하기도 힘들었다.

더 어린 시절에도 마찬가지였다. "이제 너랑 안 놀아!" 놀다가 토라진 아이의 실없는 으름장에도 이리저리 휘둘렸다. 단짝 친구를 잃으면 엄마 없는 아이처럼 불안할 것 같아 숙제를 대신 해주고 그림도 대신 그려주었다. 하지만 놀이터로 향하는 친구들은 운동화를 고쳐 매느라 잠깐 뒤쳐진 지현을 기다려준 적이 없었다. '나는 아무도 중요하게 생각하지 않아. 내가 약하고 만만해서 그런가 봐.'

속상한 일이 있어도 괜찮다고만 했다. 뭐든지 알아서 하고 무슨 말을 해도 괜찮은 아이였다. 먼저 속마음을 털어놓지 않았지만 알아주지 않아서 섭섭한 마음도 있었다. 그것마저 꾹꾹 눌러버렸다. '아무도 날 이해하지 못해. 사람들은 남을 너무 쉽게 평가해.' 잘해줘도 만만하게만 보는 것 같아 어쩔 줄 몰랐지만 어떤 어른도 마음을 표현하고 갈등을 해결하는 법을 가르쳐주지 않았다. 그저 '사이좋게 지내'라는 추상적인 말뿐이었다. 그녀는 아무리 잘해주고 애써봤자 나아지는 것이 없는 것 같아 자신감을 잃고 무력감을 느꼈다. 이런 이유로 관계의 '위험 신호'를 조금이라도 포착하면 오히려 관계를 빨리 포기해 버렸다. "관계는 늘 너무 어려웠어요."

외로움:
어차피 내 편은 아무도 없어

친구들과 작은 문제라도 생기면 지현은 더욱 기가 죽었다. "엄마한테 이를 거야. 우리 엄마가 너 혼내줄 거다"라며 친구들은 의기양양했다. 지현도 엄마, 아빠에게 이를 거라고 반박하고 싶었지만, 아빠는 무관심하고 엄마는 너무 바쁘다는 것을 잘 알고 있었다. 그 누구도 자신의 편을 들어주지 않고 혼자 세상과 싸워야 할 것 같았다. 어차피 아무도 내 편을 들어주지 않을 거라면 차라리 문제를 만들지 않는 게 더 나았다. '다른 사람을 기분 나쁘게 해서는 안 돼. 그랬다간 난 혼자가 될 거야.'

친구와 다투기라도 하면 울음을 참지 못해 지는 게임이었기 때문에 처음부터 문제를 피하고 싶었다. 튀거나 뒤쳐지면 혼자가 될 거라는 두려움에 사로잡혀 그저 '남들 하는 대로' 무난하게 어울리고 싶었다. 가족과의 애착과 유대감이 약한 만큼 학교에선 더더욱 안정감과 소속감이 절실했다.

비 오는 날, 아이들은 엄마와 우산을 쓰고 하나둘 사라졌다. 지현은 마지막까지 남아 물끄러미 하늘을 바라보다 결국 책가방으로 머리를 가리고 뛰어갔다. '내 편은 없어. 나는 혼자야.' 그래도 항상 괜찮아야 했다. 알아서 해야 했기 때문에 알아서 장화와 우비를 챙겼다. 어린 지현도 넘어지면 으레 다른 아이들처럼 '엄마' 하고 울었다. 하지만 어느 순간부터 넘어져도 엄마를 부르지 않았고 눈물이 나와도 속으로만 삼키게 되었다. "저는 세상에 홀로 던져진 것 같았어요."

마음의 뿌리: 나와 사람과 세상을 보는 가치관

'상처받은 내면의 아이'라는 말을 들어 보았을 것이다. 지현의 마음 깊이 뿌리 내린 유년의 상처처럼, 누구나 상처받은 아이를 가슴에 품고 산다는 말이다. 지현의 성장 과정에서 유년의 상처가 '철이 일찍 든 애어른'이었다면, 성인이 되어서는 '어른 아이'로 남아 마음의 가장 깊은 곳에서 건드리면 가장 '아픈 곳'이 된다. 이곳은 익숙함을 좋아하고 변화를 두려워하는 고집스러운 곳이기도 하다. 인지행동 심리학(CBT: Cognitive Behavioural Therapy) 이론을 바탕으로 이곳을 '마음의 뿌리'라고 부를 수 있다.

휘둘리는 나의 뿌리를 찾아서

우리가 관계와 삶에서 중심을 잡지 못하고 계속해서 이리저리 휘둘린다면, 그 문제의 근원은 상처받은 마음의 뿌리에 있다. '근본적인 가치관'이라고 표현할 수도 있는 마음의 뿌리는 우리가 생각하고 느끼고 행동하는 방식을 '프로그래밍'하는 가장 기본적인 틀이 되는데, 대개 가치관이 형성되는 생애 초기에 그 윤곽을 형성한다. 그렇다면 지현의 과거는 어떤 마음의 뿌리가 되어 소통을 방해하는 올가미가 되었을까? 마음의 뿌리는 다음의 3가닥으로 이루어져 있다.

* **나**(자아) 나는 이런 사람이야.
* **사람**(관계) 사람들은 대개 이렇구나.
* **세상**(삶) 세상은 이런 곳이야.

지현이 생각하는 '나(자아)'는 '항상 문제를 일으키는 나쁜 나', '약하고 만만한 나', '누구에게도 중요하지 않은 나', '아무리 해도 부족해서 인정받거나 사랑받지 못하는 나', '내 편이 없는 혼자 남은 나'이다. 이런 생각이 나 자신에 대해 믿고 있는 마음의 뿌리가 된다. '공부 잘하고 뭐든지 알아서 잘하는 나'와 '믿음직한 친구이자 모범이 되는 학생'이라는 긍정적인 면도 있지만, 자신을 억누르며 수동형으로 일관한 대가로 받은 훈장이라 스스로는 납득하기 힘들다. 자신의 '진짜 모습'이 아니라고 믿기 때문이다.

지현에게 '이런 나'를 둘러싼 사람들과 세상은 언제든지 깨질 수 있는 관계이고, 내 뜻대로 되는 것 하나 없는 불확실하고 어려운 곳이다. 하지만 '나와 사람과 세상'에 대해 지현이 믿는 '현실'은 정말 그런 것일까, 혹은 그렇다고 믿는 것일까?

나는 정말
내가 생각하는 내가 맞을까

우리는 '사실'과 '의견'이 다르다는 것을 배웠다. 사람은 누구나 주변의 '사실'을 관찰하고 '의견'을 가지는데, 이 관찰 대상에는 자기 자신도 포함된다. '나에 대한 마음의 뿌리'는 과거의 경험을 통해 자기 자신에 대해 쌓아온 주관적인 의견이며 '자존감'의 근원이 된다. 다시 말해, '저는 이런 사람이에요'가 아니라 '제 생각에 저는 이런 사람이라고 믿어요'가 실은 더 정확한 표현이라는 것이다. 자신에 대한 지현의 생각도 근본적으로 주관적일 뿐만 아니라 편파적인 의견이다. 이것은 우리가 간과하기 쉬운 지점이며, 우리가 자신에 대해 과연 공정하고 균형 있는 시각을 가졌는지 의문을 제기할 수 있는 지점이기도 하다. 너무 오래되고 당연하게 받아들여져 마치 반박할 수 없는 사실처럼 보이는 마음의 뿌리도 결국은 사실이 아닌 주관적이고 편파적인 의견 덩어리이기 때문이다.

이 말은 곧 희망의 메시지가 되기도 한다. 열린 마음과 호기심으로 새로운 경험을 통해 나도 몰랐던 내 모습을 발견하며 '새로운 데이터'를 축적한다면 자신에 대한 의견 또한 '업데이트' 될 수 있는 가능성이 열리기 때문이다. 문제는 우리가 '나와 사람과 세상'에 대해 가지는 의견을 더 이상 업데이트하지 않고 '기존의 프로그램'에 따라 늘 하던 대로 하는 마음의 관성에 안주하기 쉽다는 것이다. 이 틀을 깰 때 근본적인 변화가 가능하다.

마음의 기둥: 삶의 기준을 세우는 신념과 규칙

우리는 상처받은 내면의 아이를 마음의 뿌리 안에 숨겨 두고 단단한 기둥을 세워 보호한다. 지현이 자신의 '진짜 모습'을 들키지 않기 위해 애쓰는 것처럼 다시는 같은 상처를 받지 않겠다고 선언하는 방어벽과 같은 것이다. 뿌리가 약한 나무에 기둥을 받치는 것처럼, 마음의 뿌리에 상처가 클수록 마음의 기둥을 더 단단히 받친다. 하지만 마음의 기둥은 우리를 정말 안전하게 지켜주는 것일까?

신념:
세상을 바라보는 세부 기준

우리를 떠받치는 마음의 기둥은 '신념'과 '규칙'이다. 마음의 뿌리는 '나와 사람과 세상'을 바라보는 기본 틀이 되고, 그 틀을 바탕으로 '수많은 것들에 대한 수많은 의견'이 촘촘히 자라난다. 우리는 복잡한 세계를 이해하기 위해 '이것은 이렇고 저것은 저렇다' 혹은 '좋다, 나쁘다, 맞다, 틀렸다'라는 방식으로 우리를 둘러싼 것을 정의하고 가치평가를 내린다. 바로 이런 것들을 신념이라고 한다.

예를 들어 누군가 '우는 것은 지는 것이다'라고 말한다면 감정 표현에 대한 그의 신념을 엿볼 수 있다. 이런 신념을 가진다면 '그러니까 절대 울면 안 된다'라는 삶의 '규칙'을 따르고 있을 가능성이 크다. '돈이면 다 된다'라는 신념은 어떨까? 이러한 신념을 가진 사람은 '(수단과 방법을 가리지 않고) 돈을 많이 벌어야 한다'라는 삶의 규칙에 따라 움직일지도 모른다.

지현의 경우, '할 말을 하는 것은 무례하고 이기적이며 위험하다'라는 생각이 소통에 대한 신념이 된다. 따라서 '나의 생각, 감정, 요구를 말해서는 안 된다'라는 삶의 규칙을 따르게 된다. 또 '성적은 나의 힘'이라는 신념은 '무시당하지 않으려면 항상 1등을 해야 한다'라는 규칙으로 이어지면서 '나는 만만하다, 나는 부족하다'라는 마음의 뿌리를 극복하려고 한다. 이것이 지현이 마음의 뿌리에 난 상처를 스스로 치유하는 방식이었다.

하지만 우리가 믿어 의심치 않는 자신의 신념이 당연한 사실처럼 느껴진다고 해서 정말 사실이 되는 걸까? 이미 우리는 '나'에 대한 마음의 뿌리가 주관적이고 편파적인 의견이라는 사실을 앞에서 확인했다. 따라서 마음의 뿌리에서 자라난 마음의 기둥, 즉 신념 역시 항상 공정하고 올바른 것은 아닐 수 있다. 우리는 각자 자신만의 신념을 갖고 있다. 하지만 자신의 신념이 지나치게 편파적이고 완고하면 그 신념과 부합하지 않는 사실이나 의견을 받아들이지 못하고 거부하게 되면서 건강한 소통을 방해하게 된다.

규칙:
반드시 지켜야 한다고 믿는 계율

지현의 마음의 뿌리와 신념을 따라가다 보면 '그러므로 응당 이러해야 한다'라고 믿는 수많은 법칙에 도달한다. 이것을 두 번째 마음의 기둥인 '삶의 규칙'이라고 한다. 신념과 규칙은 짝을 이룬다. 지현에게 거절은 상대방을 거부하는 것과 같기 때문에 거절해서는 안 된다. 반면 자신이 다른 사람에게 부탁하거나 요구하는 것은 이기적이고 부담을 주는 행동이므로 해서는 안 된다. 자신의 생각이나 감정을 솔직하게 표현하는 것 또한 타인의 감정을 상하게 할 위험이 있는 무례한 행동이므로 금지 목록에 해당된다. 용기를 내어 삶의 규칙을 깨고 할 말을 했는데 상대가 화를 냈을 때, '상대방의 감정도 내가 책임지고 수습해야 한다'라고 믿는 것 또한 삶의 규칙이 된다. 지현이 말하는 '애쓰는 삶'과 '애쓰는 관계'의 구체적인 모습은 바로 응당 이러해야만 한다고 믿는 수많은 삶의 규칙들이다. 그렇다면 삶의 규칙을 위반했을 때 지현은 대체 무엇이 두려운 것일까?

"늘 다른 사람에게 맞춰야 한다고 생각했어요. 그러지 않으면 사람들이 나 때문에 화를 내거나 속상해할 테니까. 욕하거나 따돌릴지도 모르니까. 그러면 '역시 내가 문제야, 내가 이기적이고 부족해서 그래'라는 생각이 들어요."

지현이 자신의 규칙에 대해 '지키지 않으면' 어떤 일이 벌어진다고 믿는지 주목해 보자. 그녀는 사람들에게 맞춰야 한다는 규칙을 위반했을 때 사람들이 화를 내고 속상해하거나 자신을 비난하고 따돌릴 것이라고 믿는다. 이러한 생각의 흐름은 궁극적으로 마음의 뿌리를 드러낸다. 그것은 자신의 민낯이라고 믿는 '이기적이고 부족하고 혼자인 나'인 것이다. 지현은 삶의 규칙을 어기게 되면 자신의 상처가 드러날까 불안했고, 삶의 규칙을 어겼을 때는 드러난 상처를 곱씹으며 자신을 공격하고 우울해했다. 이처럼 상처받은 내면의 어린 아이를 끌어안고 불안과 우울 사이의 지뢰밭에서 헤매고 있었다.

수동적으로 위기를 모면해야 한다는 삶의 규칙은 선택의 폭이 좁은 여섯 살의 어린 지현에게는 그나마 자신을 보호하는 최선의 방식이었을지도 모른다. 공격형인 지현의 엄마 또한 '내 뜻대로 되지 않는 험한 세상과 사람들' 틈에서 살아남기 위해서 공격적인 태도로 세상과 타인을 통제하는 방식을 택했을 가능성이 크다. 그들 또한 밟지 않으면 밟히는 전쟁 같은 이분법적 세계관 안에서 어쩔 수 없었다고 말할 것이다. 특히 엄마의 감정과 욕망이 딸의 감정, 욕망과 동일시되기 쉬운 상호의존적인 관계에서, 엄마의 공격적 태도는 '다 너를 위해서'라고 합리화되기도 하고 지현의 수동적인 태도 또한 '다 엄마를 위해서'가 된다. 서로를 위한 희생이라고 하지만 서로에게 상처를 준다. 그렇게 수동형인 지현과 공격형인 엄마의 관계는 각자의 삶에 책임을 지지 못하고 서로에게 떠넘기는 방식으로 단단하게 얽힌 올가미가 되어 있었다.

그렇다면 여섯 살의 어린 지현에게 유용했던 삶의 규칙은 서른네 살이 된 지금의 지현에게도 여전히 유용할까? 그때 맞았던 것이 지금도 맞는 것일까?

악순환을 반복하는 마음의 관성

삶의 규칙은 유연하게 적용될 때는 긍정적인 역할을 하기도 하고, 자신의 결핍을 채우면서 성취를 이루어내는 생산적인 자기 돌봄의 방식이 될 수도 있다. 문제는 성인이 되어 상황이 변했는데도 불구하고 융통성을 발휘하지 못하고 하던 대로 고집하는 경우이다. 삶의 규칙이 '항상', '모든', '결코', '절대', '누구에게나', '무조건' 같은 언어로 지나치게 경직될 때, 상처를 덮으려고 생겨난 삶의 규칙이 오히려 상처를 곪게 할 수도 있다.

지현뿐만 아니라 많은 사람들이 수많은 규칙을 지키며 애쓰는 삶을 산다. 자신을 보호하기 위한 삶의 규칙이 어떤 방식으로 문제를 키우고 있는지 생각해 보면, 지현이 자신은 아무리 노력해도 부족하다고 생각하는 근본적인 이유를 찾을 수 있다. 인정받기 위해

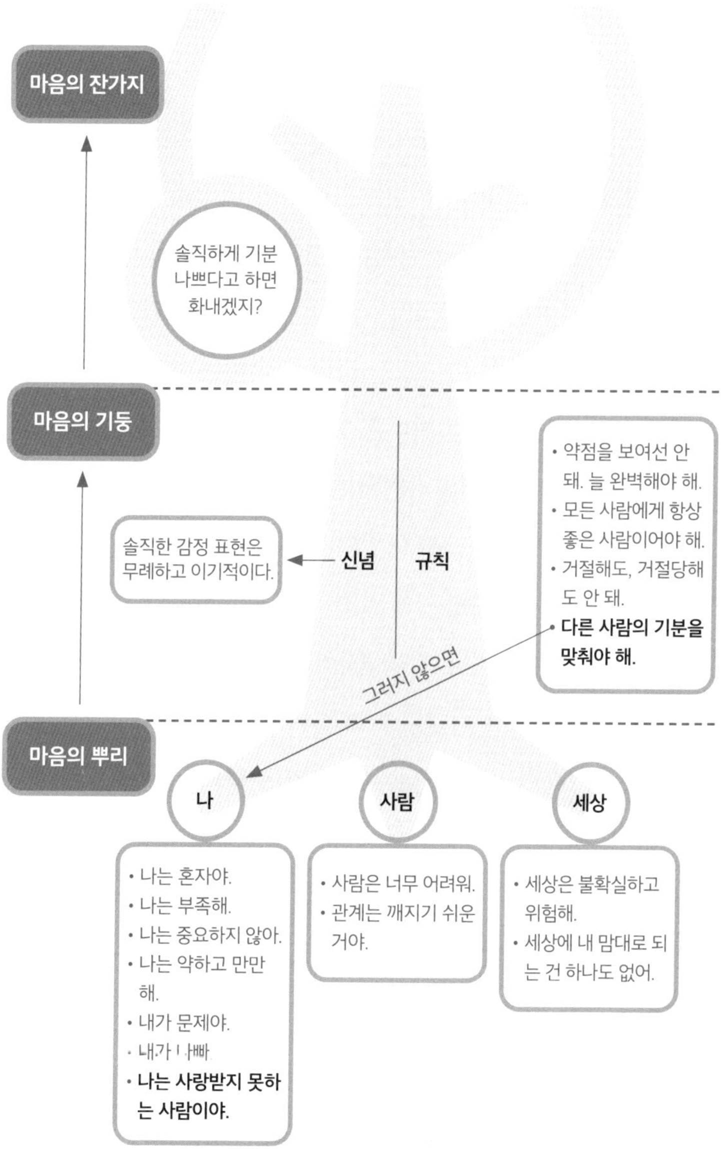

마음의 잔가지
솔직하게 기분 나쁘다고 하면 화내겠지?
마음의 기둥
솔직한 감정 표현은 무례하고 이기적이다.
신념
규칙
• 약점을 보여선 안 돼. 늘 완벽해야 해.
• 모든 사람에게 항상 좋은 사람이어야 해.
• 거절해도, 거절당해도 안 돼.
• 다른 사람의 기분을 맞춰야 해.
그러지 않으면
마음의 뿌리
나
사람
세상
• 나는 혼자야.
• 나는 부족해.
• 나는 중요하지 않아.
• 나는 약하고 만만해.
• 내가 문제야.
• 내가 나빠
• 나는 사랑받지 못하는 사람이야.
• 사람은 너무 어려워.
• 관계는 깨지기 쉬운 거야.
• 세상은 불확실하고 위험해.
• 세상에 내 맘대로 되는 건 하나도 없어.

애쓰는 방식이 오히려 자신이 부족하다는 상처를 남기고 사랑받으려고 애쓰는 방식이 오히려 자신을 더욱 외롭게 하기 때문이다. 결국 자기 보호를 위한 규칙이 마음의 뿌리를 향하는 공격이 된다 (105쪽 그림 참고).

우리는 지나치게 완고한 신념과 경직된 규칙으로 내면의 어린아이를 대하고, 이러한 방식이 어떻게 문제를 일으키고 악순환을 반복하는지 알아채지 못한 채, 늘 하던 대로 하는 마음의 관성에 따르기 쉽다. 그래도 지금껏 견뎌온 것은 그나마 삶의 규칙을 지키며 애써왔던 덕분이라고 안도하면서 문제를 악화시킨다. 마음의 기둥으로 철벽을 치며 상처받은 내면의 아이를 감추는 데 급급하거나 학대하기도 한다. 표면에 쉽게 드러나지 않는 마음의 뿌리와 기둥은 평소에는 잠자고 있다가 일상의 위기 상황이 닥치면 온갖 부정적인 생각과 감정으로 나타나 우리를 휘두른다.

반드시 그래야 했고 그래야 하는 것은 아니다. 우리가 원한다면 다른 방식으로 살아갈 수 있다. 지금까지 하던 대로 계속하려는 마음의 관성을 깨기 위해서는 지나치게 경직되어 상처를 덧나게 하는 삶의 규칙을 깨고 두렵거나 불편한 내 모습이라도 수용하는 과정이 필요하다.

우리 모두는 상처받은 아이를 가슴에 품은 마음의 양육자이다. 스스로 자신을 따뜻하게 안아줄 때 변화는 시작된다. 이따금 밀물처럼 밀려들어오는 과거의 고통이 썰물처럼 빠질 때, 예쁜 조개껍데기를 줍는 마음으로.

과거가 아닌 지금의 나를 위해서

"나를 망쳐버린 사람들과 그것을 허락한 나 자신을 용서할 수 없다는 생각이 들어요."

과거를 들여다보는 과정에서 억압되었던 분노에 휩싸이거나 누군가를 원망하는 것은 지현만이 아니다. 사람들에게 당하기만 한 바보 같은 자신에 수치심을 느끼다가 분노하고 곧 남을 원망하는 자신에 대한 죄책감을 느낀다. 그리고 죄책감은 다시 '나를 이렇게 만든 그들'에 대한 분노가 되어 무한 반복한다.

이제는 반갑지 않는 손님처럼 들이닥치는 감정을 밀어내지 말고 기다려주어도 된다. 슬퍼하거나 분노하는 감정 자체는 자기 돌봄의 과정에서 마주하는 필연적인 과정이며, 아프다는 마음의 신호에 귀를 기울여야 자신을 보살필 수 있다.

언제 어디서 어떤 부모에게 태어날지는 그 누구도 선택할 수 없다. 우리가 원해서 태어난 것도 아니다. 태생에 관련해서 그 무엇도 내 마음대로 되는 것 없이, 삶은 그저 주어진다. 그렇다면 우리는 수동적인 과거의 산물일 뿐일까? 삶은 그저 주어진 것이고 과거는 바꿀 수 없지만, 그럼에도 불구하고 지금을 살아가는 방식은 우리가 선택하고 책임질 수 있다. 벼랑 끝에 매달린 사람은 "내가 왜 여기에 있지? 누구 탓이지?"라고 묻지 않는다. "어떻게 하면 다시 올라갈 수 있지?"를 먼저 궁리해야 살 수 있다. 벼랑 끝까지 내몰린 것처럼 불안하고 이제 끝인 것처럼 우울할 때도 마찬가지다.

건강한 소통을 위한 자기 돌봄은 '너의 삶'이 아니라 '나의 삶'에 초점을 맞춘다. 과거를 들여다보는 것 또한 다른 누군가를 탓하기 위해서가 아니라 '그럼에도 불구하고' 지금 여기서 '나의 삶'을 헤아려주기 위함이다. 지현이 현재 자신의 문제를 깊이 이해하기 위해 과거의 속사정을 들어주는 것처럼 말이다. 그렇게 우리는 폭풍우의 빗속에서도 춤을 추는 법을 배운다.

1. 우리가 과거의 경험을 통해 어떻게 마음의 뿌리를 내리고 마음의 기둥을 세우면서 소통을 방해하는 올가미에 걸려드는지, 지현의 사례를 통해서 살펴보았다. 이 내용을 바탕으로 나 자신의 성장 과정을 되돌아보자. 가족 관계와 학교생활, 기타 대인 관계에서 특별히 마음에 남는 기억이나 굵직한 사건, 또는 변곡점이 있었는지 생각해 보고 이를 연대기로 만들어 보자.

① 특별히 기억에 남는 중요한 사건과 사람들을 떠올려 보자.

② 어렸을 때부터 지금까지 내 삶의 연대기를 정리해 보자. 각 지점은 자신의 가치관을 형성하는 데 영향을 미친 기억이나 중요한 사건을 의미하므로 각 지점간의 간격을 똑같이 맞추지는 않아도 된다. 연대기의 형태는 꼭 가로형이 아니어도 상관없다. 세로형이나 음악의 악보형, 선 그래프 등 다양한 형태로 시각화할 수 있다.

2. 과거의 경험을 통해 나는 나 자신과 사람과 세상에 대해 어떤 시각을 갖게 되었을까? 각자 마음의 뿌리를 살펴보자.

① 나는 ______________________________ 이다.

② 사람은(관계란) ______________________________ 이다.

③ 세상은(삶은) ______________________________ 이다.

3. '이러한 세상과 사람' 속에서 나 자신을 보호하기 위해 '응당 이러하다'라고 믿었던 삶의 신념과 '응당 이러해야 한다'라고 믿었던 삶의 규칙에는 어떤 것들이 있는지 목록으로 만들어 보자.

① 신념: ____________ 는 응당 ____________ 이다. 따라서……

② 삶의 규칙: (항상, 무조건, 누구에게나, 어디서든) __________ 해야 한다.
혹은, (결코, 절대로) ______________________ 해서는 안 된다.
이러한 삶의 규칙을 위반한다면…….

③ 두려운 결과: ________________ 라는 결과가 벌어질 것이다.

4. 앞의 목록을 하나씩 읽어 보며 다음과 같이 질문을 던져 보자.

① 삶이 그러한 것이 아니라, 그러하다고 믿었던 건 아닐까?

② 사실은 그렇지 않을 수도 있고 그렇게 하지 않아도 되는 것은 아닐까?

③ 상처 난 마음의 뿌리를 보호하고 무너지지 않도록 지탱해준다고 믿었던 마음의 기둥이 오히려 나를 옭아매고 소통을 방해하지는 않았을까?

④ 그때 거기서 맞았던 것이 지금 여기서도 맞는 것일까? 혹은 나에게 도움이 되는 것일까?

5. 마지막으로 나 자신을 위해 세상에서 가장 따뜻한 편지를 써 보자. '나'라는 1인칭이 아닌 '너' 혹은 '○○야'라는 2인칭을 사용해서 편지를 쓰거나, '○○는'이라는 3인칭을 활용한 이야기 형식으로 써도 좋다.

4장

내 마음을 알아줘:
나 자신과 소통하기

내가 그의 이름을 불러주기 전에는
그는 다만 하나의 몸짓에 지나지 않았다.
내가 그의 이름을 불러 주었을 때
그는 나에게로 와서 꽃이 되었다.

김춘수,
〈꽃〉

내 마음을 읽어주는 마법의 주문

3장에서는 건강한 소통을 방해하는 마음의 올가미가 어디서부터 어떻게 시작된 것인지 살펴보았다. 마음의 올가미는 과거 경험을 통해 형성된 마음의 뿌리와 마음의 기둥에서 비롯된다. 평소에는 마음 깊은 곳에서 잠자고 있던 마음의 올가미는 우리가 '위기 상황'을 마주했을 때 깨어나 마음을 휘두른다. 4장에서는 이렇게 '비활동성'으로 잠재하고 있던 마음의 올가미가 '활동성'으로 전환되어 부정적인 생각, 감정 행동으로 작용하는 모습을 구체적으로 관찰해 볼 것이다.

소통의 무게 중심 '나'에게 가져오기

마음이 휘둘릴 때 우리는 여유 있게 대응하지 못하고 급하게 반응하기 쉽다. 이때 나도 모르게 늘 하던 대로 생각하고 느끼고 행동하면서 할 말을 하지 못하고, 이런 악순환이 반복되면서 거스르기 힘든 마음의 관성이 된다. 따라서 소통의 악순환을 스스로 파악하고 마음의 관성을 되돌리기 위해 먼저 자기 자신과 소통하는 방법을 배울 것이다. 그것은 바로 '마음 다이어리'다. 마음 다이어리는 내 마음을 읽어주는 4가지 마법의 주문으로 혼란스러운 마음을 정리해주는 효과적인 테크닉이다.

우리는 자신의 마음도 잘 모르면서 타인의 마음을 알고 싶어 한다. 내 마음도 이해하지 못하면서 남이 나를 이해해주기를 바란다. 그리고 내 마음도 마음대로 되지 않으면서 다른 사람의 마음을 움직이려 한다. 나도 내가 무엇을 생각하고 무엇을 느끼며 무엇을 원하는지 모르는데, 상대방이 어떻게 내 마음을 알아줄 수 있을까? 이렇게 우리는 나 자신과 소통하기도 전에 타인과 소통하려고 애를 쓴다.

소통을 할 때 '나'의 무게 중심을 잃고 타인에게 지나치게 기울게 되면 휘둘리거나 휘두르면서 할 말을 제대로 하지 못하게 된다. 나 자신에게 다시 무게 중심을 가져올 때, 각자의 중심을 지키면서 건강한 소통을 할 수 있다. 따라서 소통의 시작은 나의 마음을 먼저 읽어주는, 나 자신과의 소통에서 시작된다. 그렇다면 휘둘리는 상황에서 내 마음을 나도 모를 때 내 마음을 읽어주는 '4가지 마법의 주문'을 배워 보자.

마음의 뿌리와 기둥이 깨어나는 순간

지현은 고등학교 동창들을 만나 술자리를 가졌다. 승진을 하지 못한 뒤 은둔하다가 오랜만에 하는 외출이었다. 술자리가 무르익자 지현도 모처럼 앓는 소리를 냈다. "요새 되는 일이 없어. 회사 생활도 너무 힘들고, 일은 내가 다 하는데 제대로 인정을 안 해주는 거 같아……."

그때 수영이 대답했다. "혹시 밉보이거나 만만하게 보여서 그런 거 아냐? 사내 정치도 중요한데 넌 그런 걸 잘 못하잖아."

가슴이 푹 찔린 듯한 통증이 느껴진다. 지현은 생각한다. '그래서 승진이 안 된 거라고? 결국 내가 문제란 말이지? 역시 난 안 된다는 거야?'

아물지 않은 상처가 고스란히 드러난 마음의 뿌리에 소금을 뿌린 것처럼 쓰라리다. 그 말이 맞는 것 같아서 더 아프다. 위기 상황이다. 가슴을 후벼 파는 통증과 함께 욱하는 감정이 올라오며 짧은 순간 머릿속에 온갖 생각들이 튀어나와 내달리기 시작한다.

'너야말로 나를 만만하게 보고 있는 거 아니야? 그래서 내 약점을 지적하고 공격하는 거지? 가만히 있으면 진짜 만만해 보이겠지? 뭐라고 한마디 할까? 그렇지만 별 일도 아닌데 오히려 내가 상처 주는 건 아닐까? 내가 너무 예민한 걸까? 말을 하면 뭐라고 해야 할까? 제대로 말도 못하고 버벅거리면 더 우습게 보이는 거 아닐까? 말하다가 울기라도 하면? 괜히 분위기만 망치는 거 아냐? 나만 나쁘다고 생각하겠지? 이러다 수영이랑 진짜로 싸우고 영영 관계가 틀어지면 어쩌지?'

지현은 온갖 부정적인 감정에 휘둘린다. 수치스럽고 화가 나면서도 어쩔 줄 몰라 당혹스럽고 불안하다. 온몸에 위험 경보음이 웽웽 울리는 것처럼 가슴이 뛰고 숨이 가쁘면서 입이 바짝 탄다. 목과 어깨에 힘이 들어가 뻣뻣해지고 손도 떨리는 것 같다. 격앙된 감정을 억누르기 위해 두 손을 꽉 쥔다. '나 때문에 타인의 감정을 상하게 하면 안 된다'는 삶의 규칙이 지현을 붙들어 맨다. 달려들면 자신만 이상한 사람이 될 것 같고 가만히 있자니 만만하게 보일 것 같다.

안절부절못하던 지현은 결국 늘 하던 대로 수영의 말을 쿨하게, 그러나 어색하게 웃어넘기며 화제를 돌려버린다. 마치 없었던 일처럼 행동하면서. 하지만 마음은 통 진정되질 않고 결국 얼마 못가 자리에서 일어선다. "미안한데, 나 먼저 가봐야 될 것 같아. 내일 일찍 출근하는 걸 깜빡하고 너무 마셨네."

지현은 집에 돌아와서도 그 일을 곱씹으며 괴로워한다. '한마디라도 했어야 했는데…….' 그러면 그럴수록 수영에 대한 분노가 점점 자신을 향한다. '결국 내가 문제야…….'

지현은 침대에서 몸을 뒤척이며 휴대폰을 만지작거린다. 전화번호부를 뒤져 보지만 속마음을 털어 놓을 사람도 없다. 사람을 잃을까 봐 할 말을 못했지만 그 순간에 지현은 정말 혼자 남았다.

자동으로 돌아가는 부정적 시나리오

일상의 위기 상황에서 우리가 휘둘리는 순간, 잠자고 있던 마음의 뿌리와 마음의 기둥이 깨어나 온갖 부정적인 생각이 꼬리에 꼬리를 물며 잔가지를 친다. 이렇게 즉각적으로 떠오르는 부정적인 생각들은 내 의지와는 상관없이 무릎을 탁 치면 저절로 올라가는 자동반사적인 반응과 같아서 인지행동 심리학에서는 '부정적 자동적 생각(NATs: Negative Automatic Thoughts)'이라고 한다. 지현의 사례와 같이 위협을 느낀 상황에서는 찰나의 순간에 많은 생각이 한꺼번에 지나가면서 수치심, 분노, 불안의 감정으로 이어진다.

이러한 감정은 긴급 상황임을 알리는 경보음이 되어 싸우거나 도망갈 태세를 취하기 위해 몸을 바짝 긴장시킨다.

이때 지현은 어떤 행동으로 반응했을까? 머릿속에서 수많은 생각이 휘몰아쳤지만, 결국 늘 하던 대로 웃어넘기고 없었던 일처럼 화제를 돌리는 수동적인 행동으로 반응한다. 결국 지현은 자신이 생각하고 느끼고 원하는 것이 있었지만, 그 자리에서 알아채거나 표현하지 못한 채 상황을 피해 버린다.

여기서 한 가지 질문을 할 수 있다. 지현이 친구의 말을 '나의 약점에 대한 공격'이 아니라 다르게 해석했어도 과연 같은 감정을 느끼고 같은 행동으로 반응했을까? 가령 '수영이도 요새 상사에게 찍혀서 힘들다더니 감정이입 되나 보네'라는 '동병상련의 오지랖'으로 해석했다면 지금처럼 크게 당황하거나 수치심을 느끼지 않았을 수도 있다. 하지만 지현의 위기 상황 시나리오는 '술자리에서 수영이 한 말'이라는 상황을 '나에 대한 공격'으로 생각했을 때 부정적인 감정과 수동적인 행동으로 이어지는 일련의 연쇄반응을 보여준다.

인지행동 심리학의 기본 원리에 따르면, 휘둘리는 상황에서 스스로 자신의 마음을 파악하지 못할 때 상황, 생각, 감정, 행동, 이 4가지 요소는 자신의 마음을 읽어주는 중요한 단서가 된다. 이 단서들은 마치 굳게 닫힌 관문을 하나씩 통과하여 내 마음에 닿기 위한 마법의 주문과 같아서 '마음을 읽어주는 4가지 마법의 주문'이라고 부를 것이다.

그렇다면 자신의 약점을 들키고 공격당했다고 생각한 지현이 정말 하고 싶었던 말은 무엇이었을까? 이제 인지행동 심리학의 기본 원리를 바탕으로 한 4가지 마법의 주문을 통해서 자신과의 소통을 시작해 보자.

첫 번째 주문, 위기 '상황' 파악하기

올가미는 짐승을 잡기 위해 끈으로 매듭을 만드는 덫이다. 동물이 올가미에 걸리면 놀라고 당황해 빠져나오려고 몸부림을 친다. 하지만 그럴수록 더 엉켜버리고 움직일 수 없는 상황에 이르기도 한다. 마음의 올가미도 마찬가지다. 이때 즉각적으로 반응하지 않고 먼저 거울을 대어 마음을 비추고 읽어주는 도구가 필요하다. 그것이 '마음 다이어리'다.

마음 다이어리는 일상의 위기 상황에서 내 마음을 나도 모를 때 반사적으로 '반응'하지 않고 효과적으로 '대응'하기 위해 스스로 자신의 생각과 감정, 행동을 알아채고 읽어주는 테크닉이다. 내 마음을 읽어주는 마음 다이어리는 '나보다 나를 더 잘 아는 타인'을 찾는 게 아니라, '자신에 대해 가장 잘 아는 전문가는 바로 나 자신'

이 될 수 있도록 스스로 문제를 인식하고 해결책에 도달하는 내면의 힘을 키워준다.

'감정 버튼'을 누르는 순간 파악하기

"무슨 일 있어?" 표정이 좋지 않은 사람을 보면 가장 먼저 하는 질문이다. 이것은 마음 다이어리를 쓰는 첫 번째 단계에서 위기 상황을 파악하기 위해 우리 자신에게 가장 먼저 던지는 질문이기도 하다. 이때 문제가 되었던 일련의 사건을 지나치게 짧은 단어나 구절로 요약하는 경우가 있다. 가령 지현이 휘둘렸던 위기 상황을 '친구와의 술자리'라고 요약하는 것이다. 하지만 친구들과 만나는 내내 이런 문제를 겪은 것은 아니며 술자리 자체가 문제가 된 것도 아니다. 마치 마음속에 숨어 있던 지뢰를 밟은 것처럼, 술자리 도중에 부정적인 감정이 벌컥 올라온 특정 순간이 있었다. 그 순간을 '감정 버튼'을 누르는 순간이라고 한다. 우리가 휘둘렸던 위기 상황을 파악한다는 것은 일련의 사건 가운데 이 순간, 이 구간을 핀셋처럼 잡아내는 작업이다.

뇌는 보고 싶은 대로 골라 보고 믿고 싶은 대로 믿는 편파적인 경향이 있어 완전히 객관적인 시각으로 바라보는 것은 불가능에 가깝다. 하지만 마치 카메라를 들고 현장을 취재하는 것처럼, 최대한 객관적인 입장에서 상황을 떠올려 본다. 지현의 감정 버튼을 누르는 그 순간, 언제, 어디서, 누구와, 무슨 일이 일어난 걸까? 주관적인 판단이나 짐작을 배제하고 위기 상황이 발생한 그날, 그 장소로 돌아가 관찰 가능한 사실의 퍼즐 조각을 다시 맞추어 보면, 다음과 같이 정리할 수 있다. 사건의 전후 맥락을 이해하기 위해 배경이 되는 사실을 추가하는 것도 도움이 된다.

Q. 위기 상황 무슨 일이 있었나요? 감정 버튼을 누르는 그 순간, 언제 어디서 누구와 무슨 일이 있었나요?

A. 술자리 중 수영이가 한 말 동창들과 술자리에서 회사 생활이 힘들다는 이야기를 했을 때 수영이가 말했다. "혹시 밉보이거나 만만하게 보여서 그런 거 아냐? 사내 정치도 중요한데 넌 그런 걸 잘 못하잖아."

* **추가 배경** 최근 함께 입사한 4명의 동기들이 승진하거나 해외 파견을 나갔다. 친구들의 결혼이나 출산 소식 또한 종종 듣는다. 승진 시험을 준비하기 위해 6개월간 사람들도 만나지 않고 일과 공부에만 매달려 왔지만 떨어졌다. 이 말이 나온 때는 술을 마신 지 2시간이 지나 어느 정도 취한 상황이었다.

하지만 여기서 '왜', '어떻게' 이런 일이 있었는지에 대한 분석은 하지 않는다. 그것은 '상황의 영역'이 아니라 해석하고 판단하며 추론하거나 짐작하는 '생각의 영역'이기 때문이다. 감정 버튼을 누르는 상황을 마음 다이어리로 기록하게 되면 내가 어떤 상황에서 휘둘리기 쉬운지 반복되는 패턴을 파악할 수 있다.

두 번째 주문, '감정' 읽어주기

먼저 '그런 일이 있었구나' 하고 상황을 파악했다면 이제 '감정의 주문'을 배울 차례이다. '그래서 기분이 어땠어?' 하고 어떤 감정을 느꼈는지 먼저 묻고, '얼마나 힘들었어?'라는 질문으로 감정의 정도를 파악한다. 마치 내 마음 안에 있는 감정 측정기로 스캔하여 무슨 감정인지, 어느 정도인지 알아채는 것과 같다. 가령 '수치심(80%), 화(60%), 당황(100%), 불안(90%)' 같은 형식으로 복합적인 감정을 퍼센트로 표현할 수 있다. 좀 더 직관적인 방식을 선호한다면 '화'라는 감정을 표현하는 빨간색 색연필로 그래프를 60% 정도 채워 색칠을 하거나 그림을 그려 넣어도 좋다.

저마다 감정을 경험하고 표현하는 방식은 다양하기 때문에 각 감정을 드러내는 가장 가까운 색깔을 정해서 표현하면 된다. 슬픔을 어두운 파란색으로 표현할 수도 있지만 슬픔을 넘어 절망에 가까워지면 검정색으로 표현할 수도 있다. 어떤 슬픔은 완전히 바닥에 가라앉은 푸른 검정보다 무력감과 무감각을 표현하는 회색이 되기도 한다.

또 하나의 중요한 지표는 몸의 반응이다. 우리 몸은 마음 상태, 감정에 따라 다양한 반응을 보여준다. 따라서 반대로 몸의 반응을 통해 어떤 감정을 느끼고 있는지 분석할 수 있다. 위기 상황에서 몸에 어떤 증상이 있었는지 최대한 세밀히 점검해 본다.

1. 감정 기분이 어땠나? 얼마나 힘들었나? 어떤 감정인지, 어느 정도인지 측정하여 적어 보자.

수치심(80%), 화(60%), 당황(100%), 불안(90%)

* 나의 감정에 가장 가까운 색을 골라 그래프에 색칠해 보자.

2. 몸의 반응 몸의 어디에서 어떤 반응을 느꼈나? 내가 느낀 감정과 어떤 관련이 있을까?

① 심장이 빠르게 뛰고 숨이 가빠지는 느낌, 입이 바짝바짝 타는 감각, 목과 어깨가 경직되고 손이 떨리는 느낌 → **불안감**

② 얼굴이나 귀가 달아오르는 느낌, 주위 시선이 나에게 쏠리는 듯한 '따가운' 느낌이나 감시당하는 것처럼 어색한 느낌, 자신이 작아지거나 쪼그라드는 듯한 위축감 → **수치심**

③ 명치가 뜨거워지는 느낌, 터질 것 같은 에너지가 가슴과 머리에 가득 차는 느낌 → **분노**

④ 머릿속이 하얗게 되거나 식은땀이 나고 온몸이 얼어버리는 듯한 느낌 → **당혹감**

'왜'가 아닌 '무슨' 감정인지 읽어주기

지현은 모임에 다녀온 후로 말로 설명하기는 어렵지만 기분이 좋지 않았다. 분명히 불편한 감정이 느껴지는데, 그 감정을 말로 표현할 수 없었고 자신이 왜 불편한 감정을 느끼는지 명확히 이해하기도 힘들었다. 이때, 지현뿐만 아니라 많은 사람들이 이런 질문을 한다. "왜 이렇게 느끼는 거지?"

'무슨' 감정인지도 정확히 모른 채 먼저 '왜'를 질문하는 것이다. 감정에 대한 이유를 따지는 것은 자신에 대한 의구심과 자기 공격으로 이어지기 쉽다. '내가 이렇게 느껴도 되는 건가?', '이렇게 느끼는 나에게 문제가 있는 건 아닐까?', '내가 너무 예민한 걸까?'…… 이런 의구심은 주로 감정에 대한 부정적인 신념에서 비롯된다. 예를 들어, '부정적인 감정은 나쁘다' 또는 '부정적인 감정을 느낀다는 것은 문제가 있다는 뜻이다' 같은 신념이 바탕이 될 때 불편한 감정을 다루기 힘들어진다.

뿐만 아니라 '이성에 비해 감정은 열등하고 미성숙하다' 등 우리는 알게 모르게 감정에 대해 부정적인 태도를 학습해온 경우가 많다. 이런 경우 부정적인 감정을 느껴서는 안 된다거나 표현하면 안 된다는 삶의 규칙을 세우며 감정을 밀어내거나 덮어버리고 통제하려는 행동을 하게 된다.

하지만 이러한 삶의 규칙과 그 규칙을 따르는 일상의 자잘한 행동은 자신의 감정을 알아채고 표현할 수 있는 소통의 기회를 스스로 차단하는 결과를 낳는다.

감정을 읽어줄 때는 '왜' 이런 감정을 느끼는지가 아니라 '무슨' 감정을 얼마나 느끼고 있는지에 집중한다. 그렇게 하기 위해서는 먼저 편견 없이 온전히 감정을 받아들일 필요가 있다. 마치 7월의

꿀꿀한 장마철이나 바람이 심하게 부는 날처럼 감정을 날씨 같은 내적 현상으로 지켜볼 필요가 있다.

부정적인 감정도 일단 받아들이기

틀린 감정은 없다. 나쁜 감정도 없다. 감정은 마음의 신호와 같아서 흔히 나쁘거나 틀렸다고 믿는 화, 실망, 불안 같은 감정도 저마다의 기능을 수행한다. 예를 들어, 화가 나는 감정을 살펴보면 '응당 그러해야 해야 한다'고 믿는 삶의 규칙을 타인이 위반하거나 권리를 침해하는 행동을 했다고 생각했을 때 나타나는 감정이다. 가령 운전 중 깜빡이를 켜지 않거나 지하철 안에서 큰 소리로 통화를 하는 사람을 향해 느끼는 분노가 이와 같은 맥락이다. 이때 '분노는 나의 힘'이라는 말처럼 우리 마음은 '화'라는 감정을 통해 몸과 마음의 에너지를 끌어 모아 강렬한 동기를 가지고 저항하거나 원하는 것을 요구하게 된다. 이러한 분노는 스스로 정해 놓은 규칙을 위반했을 때 자기 자신을 향하기도 한다.

부정적인 감정을 격하게 느낀다는 것은 '내 마음에 귀를 기울여 달라'는 마음의 신호이다. 마치 통증 같은 몸의 증상을 무시하면 병을 키울 수 있는 것처럼, 부정적인 감정을 외면하면 마음의 메시지를 읽고 해소해줄 기회를 놓치게 된다. 나 자신과 소통을 시작하는 지점은 감정을 있는 그대로 받아들이는 데서 시작한다.

부정적인 감정은 꽃길만 걷고 싶은 내 삶의 '파티'에 초대받지 않고 느닷없이 들이닥친 불편한 손님과 같다. 이들은 중요한 편지를 전달하려고 온 메신저들인데, 유쾌한 내용의 편지를 가져올 때는 초록색 옷을 입은 메신저가 찾아오고, 슬픈 내용은 노란색, 두려운 내용은 빨간색 옷을 입은 메신저가 찾아온다고 상상해 보자. 우리는 초록색 옷을 입은 손님이 찾아오면 문을 활짝 열어 반기지만, 노란색이나 빨간색 옷을 입은 불편한 손님이 오면 그들이 전달하려는 편지를 뜯어보지도 않은 채 문전박대한다. 그들이 직접 편지를 쓴 것도 아니고 잠깐 머물며 편지를 전달하려는 것뿐이지만, 우리는 파티를 망칠까 봐 문을 열어주지 않는다. 그들이 찾아오면 윽박지르거나 밀어내고, 문을 열어주더라도 마치 없는 듯 무시하거나 통제하려 든다.

그러면 초대받지 못한 불편한 손님들은 어떻게 행동할까? 그들은 편지를 전달하는 자신의 의무를 마칠 때까지 아우성을 치며 억지로 밀고 들어온다. 따지려 하거나 오래 머물며 눈에 거슬리는 행동을 하면서 우리를 괴롭히기도 한다. 날뛰는 감정과 실랑이를 벌이느라, 결국 우리는 그들이 전달하려는 편지의 중요한 메시지를 놓치고 만다. 그들이 일으키는 문제 자체보다 들어오지 못하도록 벌이는 실랑이로 인해 더욱 피곤해지기도 한다.

그렇다면 갑자기 들이닥친 감정의 불청객을 어떻게 대하는 것이 좋을까? 그들은 메신저일 뿐이다. 내키지 않더라도 일단 문을 열어주자. 그들의 이름을 불러주고 전하려는 편지를 받은 후 기다려주면 결국 그들은 알아서 자리를 뜬다.

감정의 이름 불러주기

불편한 감정에 문을 열어주었다면 이제 감정의 이름을 불러준다. '왜 그렇게 느끼는 거니?'가 아니라 '이때 어떤 감정을 느꼈니?'라고 자기 자신에게 물어본다. 한국인뿐만 아니라 런던의 상담실에서 만난 많은 내담자들이 안타깝게도 자신의 감정을 알아채고 말로 표현하는 데 어색하거나 서투른 모습을 보인다. 그중에서 스티브라는 중년의 영국인 내담자가 특히 기억에 남는다. 그는 기분을 물었을 때 '괜찮아요(alright)'와 '화나요(angry)' 2가지로 모든 감정을 표현하곤 했다. 그에게 괜찮다는 의미는 '정말 신난다, 꽤 행복하다, 편안하다, 그럭저럭 만족스럽다, 별로다, 약간 불쾌하다'를 모두 아우르는 굉장히 다양하고 넓은 스펙트럼을 가진 단어였다. 세분화되지 않은 그의 감정 언어를 보여주는 또 다른 예는 '화가 난다'였는데, 배고프고 지칠 때, 짜증날 때, 귀찮을 때, 답답할 때, 서운할 때, 불안할 때, 슬플 때, 상대방이 걱정되어 마음이 아플 때조차 그는 모두 '화가 난다'고 표현했다.

감정을 말로 표현하는 것은 생각보다 쉬운 일이 아니다. 왜냐하면 감정은 몸의 감각과 밀접한 관련이 있고 온전히 느끼는 경험이기 때문이다. 마치 후각이나 촉각, 미각과 같은 몸의 감각처럼 '느끼는 경험 그 자체'를 어떻게 말로 설명할 수 있을까? 와인이나 향수를 소개하는 모습을 떠올려 보면 감각을 언어로 표현한다는 것이 쉽지 않다는 것을 바로 이해할 수 있다. 온갖 감각 단어를 동원하여 '아는 맛'이나 '아는 향'을 갖다 붙여도 결국 직접 시음하거나 시향해 보지 않는 이상 감각적 경험을 정확하게 언어로 묘사하는 데는 한계가 있다. 감정의 언어도 마찬가지다.

그렇다면 감정을 언어로 표현하는 어려움에도 불구하고 굳이 우리가 감정의 이름을 지어주고 불러주는 이유는 무엇일까? 그 이유는 '느끼는 감정'이 '생각하는 언어'의 옷을 입으면 사고의 영역으로 전환되기 때문이다. 이것은 날뛰는 감정을 마음 밖으로 쫓아내지 않고 '사고'의 그릇에 담아 진정될 때까지 기다려주는 것과 같다. 말을 곧잘 하는 세 살 정도의 아이에게 소리를 지르며 물건을 던지는 대신 '너무 화가 나요'라고 감정의 이름을 불러주도록 알려주면 분노가 눈에 띄게 진정되는 것을 볼 수 있다. 떼를 쓰는 아이를 다독이고 이름을 불러주는 것처럼, 날뛰는 감정을 알아채고 읽어주는 것이다. 감정은 기다려주어도 된다.

감정 단어 학습하기

불편하더라도 감정을 초대하여 온전히 느끼고, 이름을 찾아 불러주는 것은 내 마음을 읽어주는 기초 작업이 된다. 이때 감정을 표현하는 단어가 떠오르지 않는다면 2가지 방법이 도움이 된다. 첫 번째는 〈감정 단어 사전〉을 참조하여 자신의 감정을 가장 가깝게 표현할 수 있는 단어를 찾아 감정을 읽어주는 방법이다(152쪽 참고). 앞에서 얘기한 지현의 사례를 통해 살펴보자면 '수치스럽고 화가 났구나, 당황스럽고 불안했구나' 등과 같다. 휘둘렸던 상황을 곱씹으며 자신이나 타인을 공격하기보다 이런 방식으로 먼저 자신의 감정을 읽어준다. 책을 통해 감정 어휘를 풍부하게 할 수도 있다. 자신이 좋아하는 시집이나 소설책을 펴서 감정을 묘사하는 다양한 단어를 찾아 동그라미를 쳐 본다. 생소하거나 섬세한 감정 단어가 있다면 자신의 감정 단어 사전에 더한다.

두 번째 방법은 몸의 감각에 집중하는 것이다. 지현은 불안할 때 심장이 뛰고 숨이 가빠지면서 입이 바짝바짝 타는 느낌을 받았다. 또 목과 어깨가 뻣뻣해지고 손이 떨리는 것과 같은 증상을 느꼈다. 수치심 같은 감정은 몸의 반응이 좀 더 복잡한데, 감추고 싶은 모습이 노출되어 시선이 따가운 느낌이 들거나 자신이 작아지고 쪼그라들어 연약해진 듯한 느낌으로 묘사할 수 있다. 몸의 반응에는 개인차가 있기 때문에 몸의 특정 부위에서 어떤 감각을 느끼는지 불편하더라도 정확히 짚어주고 느껴본다. 그다음 감정의 이름을 찾아 '이런 감정이 들었구나' 하고 감정의 이름을 불러준다.

유아를 상대로 하는 오감 놀이라는 것이 있다. 모든 감각을 동원해서 보고 듣고 만지고 맛보고 냄새도 맡아 보면서 배우는 것을 말한다. 이런 경험을 통해서 아이는 새콤달콤하고 씹으면 톡 터지는, 보라색 껍질 안에 들어 있는 연두색의 알맹이를 '포도'라고 부른다는 것을 배운다. 몸을 통해 감정 단어를 익히는 과정 또한 이러한 경험적 언어 학습과 비슷하다. 감정을 알아채고 표현하는 기술은 언어를 습득하듯이 경험을 쌓아가면서 반복 훈련을 통해서 이루어지는 과정이기 때문에 하루 이틀 만에 익힐 수는 없다. 하지만 상처받은 내면의 아이에게 지금부터라도 차근차근 감정 언어를 가르치는 것처럼 매일 조금씩 익힌다면 곧 유창한 감정 언어를 구사할 수 있을 것이다.

세 번째 주문, '생각' 읽어주기

내 마음에 말을 걸기 위해 감정을 초대하고 감정의 이름을 불러주었다면, 이제 마음의 신호가 전하는 메시지의 내용을 읽을 차례이다. 마치 깊은 우물에 작은 조약돌을 던져 그 울림에 귀를 기울이는 것처럼, 자신에게 질문을 던진다. "그렇게 느꼈구나. 그때 어떤 생각이 떠올랐니?"

그렇다면 지현의 감정 이면에는 어떤 생각이 숨어 있을까? 지현은 갑작스러운 수영의 말에 어떻게 판단하고 대응해야 할지 모르겠다는 생각에 당혹감을 느꼈다. 화는 규칙을 어기거나 선을 넘었다고 생각했을 때 느낄 수 있는 감정이다. 이러한 맥락에서 수영이 선을 넘어 자신을 저격했다는 생각에 분노를 느낀다. 그리고 감추고 싶은 자신의 약점을 건드렸다는 생각에 수치심을 느낀다. 위험 상황에 대해 걱정할 때, 즉 아직 일어나지 않은 부정적인 상황에 대해 미리 생각할 때 느끼는 감정은 불안이다. 특히 위험 수위를 높게 '과대평가'할수록, 이에 준비하고 대처하는 자신의 능력을 '과소평가'할수록 불안은 커진다. 지현의 경우 수영의 발언은 파괴력이 큰 위협이라고 생각하는 반면 자신의 대처 능력은 부족하다고 생각하기 때문이 걱정이 이어지고 불안에 휩싸인다.

감정	(감정 속에 숨어 있는) 생각
당혹감, 혼란	너무 갑작스러워(상황 파악이 힘들어), 어떡하지?(어떻게 대응해야 할지 모르겠어)
분노	너야말로 나를 만만하게 보고 있는 것 같아. 그래서 내 약점을 지적하고 공격하는 거잖아. 내가 문제라는 말이지, 내가 만만해 보이고 어딜 가나 미움받는다는 말이지, 내가 사회성이 없다는 말이야.
수치심	감추고 싶은 내 약점을 들켜 버렸어.
두려움, 불안	가만히 있으면 진짜 만만해 보이겠지? 뭐라고 한마디 할까? 그렇지만 별 일도 아닌데 오히려 내가 상처 주는 건 아닐까? 내가 너무 예민한 걸까? 말을 하면 뭐라고 해야 할까? 제대로 말도 못하고 버벅거리면 더 우습게 보이는 거 아닐까? 괜히 분위기만 망치는 거 아냐? 나만 나쁘다고 생각하겠지? 이러다 수영이랑 진짜로 싸우면? 영영 관계가 틀어지면 어쩌지?

생각을 읽어주는 게 어려운 이유

마음 다이어리를 기록할 때 특히 어려움을 겪는 부분은 생각을 읽어주는 단계이다. 이 단계가 어려운 첫 번째 이유는 '생각'의 본성은 이것저것 꺼내기만 하고 뒷정리를 하지 않는 어린 아이와 비슷해서 말도 잘 듣지 않을 뿐더러 쫓아다니기도 힘들기 때문이다. 인지과학자들의 연구에 따르면, 우리가 하루 중에 깨어 있는 시간을 약 16시간이라고 할 때 그중 절반인 약 8시간 동안 우리 마음은 온갖 산만한 생각에 정신이 팔려 현재에 온전히 집중하지 못한다고 한다. 빠르고 정신없이 지나가는 생각은 찰나의 순간에 자동적으로 반짝 떠올랐다가 거의 동시에 감정과 행동으로 이어진다. 따라서 많은 사람들이 아무 생각 없이 감정이나 행동이 먼저 불쑥 튀어나온다고 생각하기 쉽다. 예를 들어 차도로 뛰어 들어가는 아이를 보고 위험하다고 '생각'해서 위기감을 느끼고 몸이 자동적으로 튀어나가 아이를 잡는 '행동'까지 일련의 과정은 시간차가 아주 짧아서 동시에 이루어지는 것처럼 느껴진다.

우리의 생각은 눈 깜짝할 사이에 '이리 저리 치고 빠지면서' 주의를 흩트리고 마음을 괴롭히는 성향이 있기 때문에 생각을 포착해서 읽어주는 과정은 마치 악기를 배우는 것처럼 꾸준한 연습이 필요하다. 상황을 부정적으로 해석하는 생각을 읽어주는 과정은 매우 중요하지만 바로 생각을 잡아내기란 쉽지 않기 때문에 마음의 신호인 감정부터 먼저 파악하고 그것을 단서 삼아 감정 이면에 숨어 있는 생각으로 거슬러 올라간다.

생각을 읽어주는 단계가 어려운 두 번째 이유는 생각과 감정이 연결되어 상호 작용하면서 마치 한 덩어리처럼 얽히기 때문이다. 결정을 내리거나 목표를 향해 동기를 부여하고 의지력을 발휘하는 것은 흔히 이성과 사고의 영역으로 생각하기 쉽지만 감정의 작용 없이 이루어질 수 없는 정신 활동이다. 또 감정의 뇌인 변연계와 사고의 뇌인 대뇌 사이에 위치하여 우리가 무엇에 얼마나 관심을 기울일지 주의력을 조절하는 대상피질은 '감정을 자극하고 감정이 실린 정보'가 나와 관련 있고 중요하기 때문에 주의를 기울여야 한다고 이성의 대뇌에게 말한다. 따라서 관심의 방향을 조절하여 생각의 방향을 트는 것도 감정의 강력한 작용이라고 할 수 있다.

생각과 감정은 한 몸처럼 밀접한 관계일 뿐 아니라 서로 영향을 주고받기도 한다. 앞서 살펴본 것처럼 찰나의 생각이 감정으로 이어지기도 하지만 역으로 감정이 생각의 흐름과 생각의 전체적인 색감을 좌우하기도 한다. 예를 들어 어떤 이유로 이미 슬픔에 빠져 있을 때는 상실이나 자기 공격 같은 '우울한 생각'을 주로 하게 되고, 잠을 못 자거나 피로해서 이미 짜증이 잔뜩 나 있는 상태에서는 평소에는 괜찮았던 사소한 것에도 '짜증 나는 생각'에 사로잡히기 쉽다. 같은 영상도 배경음악이나 전체적인 색감과 톤에 따라 완전히 다른 느낌을 주는 것처럼, 부정적인 감정이 생각의 흐름을 더 부정적으로 몰고 가기도 한다. 여기서 우울한 생각이 우울한 감정으로 이어지고, 우울한 감정은 더 우울한 생각을 부추기며 헤어 나오기 힘든 악순환에 갇히게 된다. 이렇게 순환을 반복하며 생각과 감정은 한 덩어리가 된다.

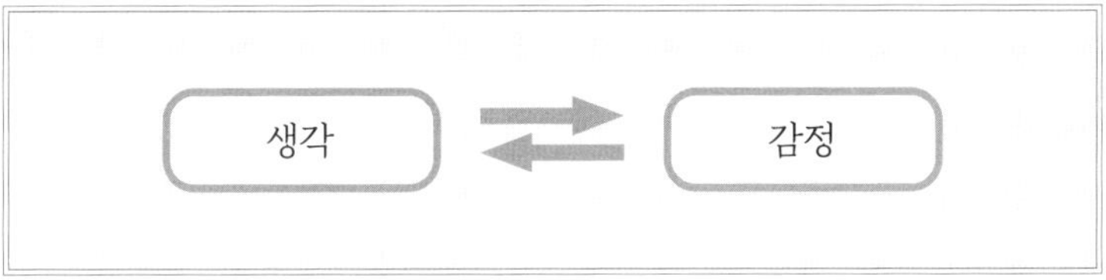

'나'와 '나의 생각'은 다르다

감정의 뇌와 이성의 뇌를 따로 잘라낼 수는 없다. 뇌의 통합적인 작용을 살펴볼 때 한 덩어리처럼 움직이는 생각과 감정은 일상 언어에도 드러난다. '실망'이라는 감정 단어도 '내가 기대한 대로 되지 않았다'라는 생각의 요소를 이미 포함하고 있다. 감정이 언어라는 사고의 그릇에 이미 담겨 있기 때문이다. 가령 '나는 네가 내 약점을 지적한다고 느꼈어'라는 말과 같이 '내 약점을 지적한다는 생각'을 '느낌'으로 표현하는 경우도 감정과 생각이 분리되지 않은 표현이다.

그렇다면 마음을 읽어줄 때 서로 영향을 주고받으며 한 몸 같이 엮인 생각과 감정을 굳이 따로 떼어내어 살펴보는 이유는 무엇이며, 또 그것을 굳이 글로 적어 보는 이유는 무엇일까? 그것은 어지럽게 널려 있는 속 시끄러운 마음에 '방 정리'를 해주기 위해서다. 4가지 마법의 주문에 따라 각자의 서랍에 넣어 한눈에 들어오도록 마음을 정리해 두었을 때, 내 마음을 읽어주기 쉽다. 또 갑작스러운 상황이 닥쳐도 필요한 물건을 당황하지 않고 바로 찾을 수 있는 것처럼 소통의 위기 상황에서도 침착하게 대응할 수 있다. 이때 적어 보는 과정이 어렵거나 두렵고 귀찮아서 생략하는 경우도 있지만, 이것은 매우 중요한 과정이다.

마음 다이어리에 정리하고 기록하는 과정이 중요한 이유는 특히 나 자신과 건강한 관계를 맺는 건강한 거리 두기를 위해서다. 내 머릿속에 엉켜 있는 것들을 정리하고 활자로 꺼내 보면 나와 나의 생각은 물리적인 거리를 두게 된다. 우리는 '나의 생각'과 '나'를 곧잘 혼동하고 동일시한다. 가령 창밖으로 지나가는 풍경처럼 별 의미 없이 스치는 것들도 있지만 우리가 붙잡고 놓지 않는 장면도 있다. 이 장면을 붙잡고 있다고 해서 이 장면이 나의 존재 자체가 되는 것은 아니다. 생각도 이러한 풍경과 마찬가지다. 쉼 없이 지나가는 생각들은 창밖의 풍경처럼 의식의 흐름을 스쳐 지나가는 것이 대부분이지만, 때로 우리가 놓치지 않고 붙잡는 생각도 있다. 그렇다고 해서 내 생각이 내가 되지는 않는다.

생각이 실재가 되는 것은 마법 같은 일이지만 우리 머릿속에서는 이런 마법이 빈번하게 발생한다. 어떤 생각을 붙잡고 놓지 않으면 마음에 남아 계속 '반복 재생'되면서 불어나기 때문에 마치 세뇌당하는 것처럼 사실이라고 믿기 쉽다. '부족하고 만만한 나'라는 지현의 생각도 붙잡지 않고 놓아주어도 될 생각의 하나일 뿐이지, 지현의 존재 자체는 아니다.

'나'와 '나의 생각'은 새로운 관계를 맺을 필요가 있다. 나와 나의 생각이 건강한 관계를 맺기 위해서는 건강한 거리 두기가 필요하다. 건강한 거리 두기는 자신을 객관화하고 자신의 생각을 생각할 수 있는 '메타인지' 능력을 말하는데, 마음 다이어리를 통해 연습할 수 있다. 마음 다이어리를 쓰는 과정에서 마음을 괴롭히는 생각을 포착하고 기록했다면, '나는 부족하다'가 아닌 '나는 부족하다는 생각이 든다'라는 형태로 바꾸는 것도 도움이 된다. '지현이는 자신이 부족하다고 생각한다'라는 3인칭도 좋다. 이런 연습을 통해 우리는 생각을 그저 생각으로 바라볼 수 있게 된다.

네 번째 주문, '행동' 살펴보기

생각과 감정을 읽어주었다면 마지막으로 행동을 살필 차례이다. 우리는 종종 '마음은 그렇지 않은데 나도 모르게 말이 나와 버렸다' 라는 표현을 한다. 무심코 했던 말과 행동 또한 '자동적인 생각'처럼 반사적으로 반응하기 때문에 쉽게 알아채기 어렵다. 이때 자신의 소소한 행동을 놓치지 않고 알아채기 위해서 자기 공격이나 편견을 배제하고 호기심 어린 관찰부터 시작해 보자. 2장에서 다룬 의사소통의 유형을 참고하여 우리가 휘둘리기 쉬운 때와 장소, 사람은 무엇이며 우리가 휘둘릴 때 평소보다 '과하게 하는 행동'이나 반대로 '덜 하거나 회피하는 행동'은 없는지 점검한다.

대응하지 않고 반응해 버리는 습관

우리가 휘둘릴 때 어떤 행동을 하는지 스스로 알아채기 위해서 지현의 위기 상황을 다시 살펴보자. 지현은 늘 하던 대로 수영의 말을 쿨하게, 그러나 어색하게 웃어넘기며 화제를 돌린다. 마치 없었던 일처럼 행동하면서 결국 이른 출근을 빌미로 자리를 뜬다. '위기 상황'에서 당황한 나머지 부정적인 생각과 감정을 제대로 살펴보기도 전에 서둘러 해소하려고 수동적 연두부형 소통 방식으로 즉각 반응한 것이다. 하지만 이런 행동으로 당장의 위기는 모면할 수 있지만 소통의 문제를 근본적으로 해결하지는 못한다. 그렇다면 지현의 수동적인 행동은 그녀의 생각과 감정, 그리고 앞으로의 상황에 어떤 영향을 미치게 될까?

지현이 할 말을 하지 못하고 '불편한 대화'를 회피하면 혹시나 자신의 해석에 오해가 있진 않았는지 대화를 통해 확인할 기회를 스스로 차단하게 된다. 그러면 문제 상황은 바뀌지 않고 결국 '내 약점을 일부러 들추고 저격했다'는 부정적인 생각이 그대로 앙금으로 남게 된다. 이런 앙금이 남으면 공격적이지 않은 수영의 말과 행동도 색안경을 쓰고 바라볼 가능성이 커진다. 또 지현이 괜찮은 척 받아주면서 무엇이 괜찮고 또 괜찮지 않은지 알려주지 않는다면 상대는 자신이 '선을 넘었다'는 것을 인지하지 못하고 비슷한 행동을 계속 반복할 가능성이 높아진다. 그러면 '참을 만큼 참았다'고 생각한 지현과 계속해서 선을 넘는 수영의 관계는 어느 순간 소원해질 수 있다. 이런 경험이 반복되며 마음의 뿌리까지 상처가 깊어지면 '역시 나는 늘 치이기만 하는 만만한 사람'이라는 생각은 더욱 확고해지고 자존감이 낮아진다.

결국 관계에 지친 지현은 사람들을 밀어낸다. 사람을 잃지 않으려고 할 말을 참으며 맞춰주었는데, 오히려 스스로 혼자 남게 되어 그토록 두려워했던 결과를 자초하게 되는 것이다. 따라서 상황을 부정적으로 해석하는 '생각'에 따라 '감정'을 느끼고 '행동'으로 이어지는 일련의 연쇄 반응이 일어나고, 다시 행동이 앞으로 일어나는 상황에 영향을 주면서 도돌이표를 반복한다.

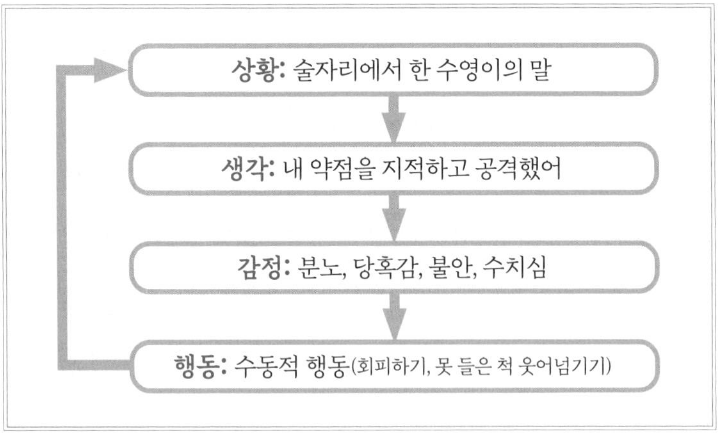

이렇게 우리는 비슷한 상황에서 비슷한 걱정을 하며 비슷하게 상처받고 비슷하게 행동하는 악순환을 되풀이한다. 마치 피아노를 반복 연습하면 무의식적으로 곡을 연주하는 것처럼, 이러한 악순환이 도돌이표처럼 반복되면서 '상황-생각-감정-행동'의 연결고리는 하나의 묶음이 되어 단단해진다. 단단해진 묶음은 이제 스스로 움직이는 자동화 프로그램이 되어 습관적인 생각, 습관적인 감정, 습관적인 행동으로 굳어지고, 반복되는 문제 상황에 스스로를 몰아갈 뿐만 아니라 브레이크 없는 폭주 기관차를 탄 것처럼 상황을 더욱 악화시키기도 한다. 이것이 바로 거스르기 힘든 마음의 관성이 된다.

행동은 생각과 감정을 유도한다

우리의 행동에 따라 상황이 달라질 수 있다는 것은 상식적으로도 쉽게 이해할 수 있다. 또 지현의 사례를 통해 상황에 따라 생각과 감정이 행동으로 이어지는 연쇄 반응이 일어날 뿐만 아니라 행동이 다시 상황에 영향을 주고 생각과 감정으로 이어지는 것도 살펴보았다. 그렇다면 행동이 상황을 거치지 않고 바로 생각과 감정에 영향을 줄 수도 있지 않을까? 쉬운 예로 장마철이나 추운 겨울에 야외 활동을 하지 못하거나 몸이 아파 집에 오래 있어야 하는 경우, 평소와 달리 쉽게 부정적인 생각에 빠지거나 우울감을 느끼는 경우가 있다. 정신 건강을 위해서는 성취감, 즐거움, 유대감을 골고루 '섭취'할 수 있는 활동이 필요한데, 이러한 활동을 하지 못하고 집안에 갇히게 되면서 삶이 무의미하다는 부정적인 생각이나 우울감 같은 감정에 빠지기 쉽다. 행동이 생각이나 감정에 직접적인 영향을 주는 또 다른 예로 '전문가답게' 입고 행동하면 왠지 더 전문가가 된 것 같은 생각이 드는 것도 비슷한 원리이다. 이것은 생각이나 감정이 행동을 유도할 뿐만 아니라 반대로 행동이 우리의 생각과 감정을 유도할 수 있다는 다양한 실험 결과와 일치한다.

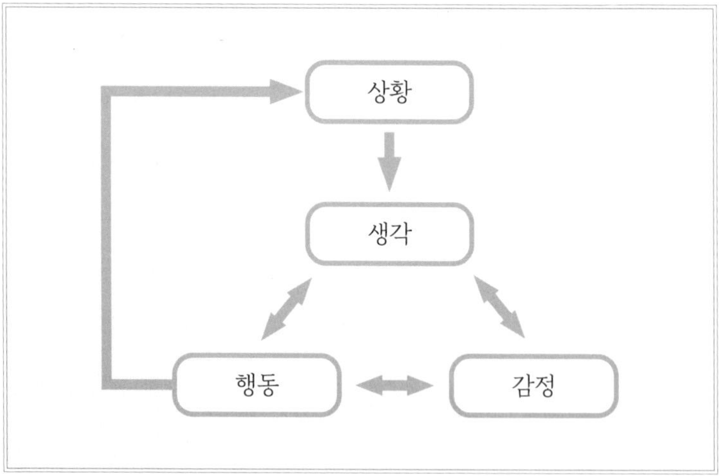

마음을 읽어주는 4가지 마법의 주문은 상황에서 생각으로, 생각에서 감정으로, 감정에서 행동으로 이어지는 일방통행의 연쇄작용뿐만 아니라, 서로 영향을 주고받으며 상호작용을 하기도 한다. 여기서 한 가지라도 틀어져 균형이 깨어지면 이미 악순환은 시작된다.

그렇다면 악순환에 갇힌 마음의 관성에서 빠져 나오려면 어떻게 해야 할까? 4가지 마법의 주문이 서로 연결되어 악순환이 된다는 원리를 똑같이 적용해 본다면, 반대로 어디에서 시작하든 마음의 관성을 선순환으로 전환할 수 있다. 여기서 많은 사람들이 문제해결을 위해 상황에서 시작한다. '무시당하지 않기 위해' 연봉을 더 받거나 외모를 바꾸면서 상황 자체를 변화시키려는 것이다. 물론 이런 방식도 어느 정도 효과가 있지만 근본적인 내적 변화에는 한계가 있다. 가령 겉으로 보기엔 '전혀 모자랄 것 없는' 출중한 외모를 지녔거나 부와 지위를 얻은 사람이 우울감을 호소하는 경우가 이러한 예가 된다. 인지행동 심리학은 근본적인 문제 해결의 열쇠가 이름 그대로 인지(생각)와 행동의 변화에 있다고 제시한다. 생각과 행동이 변할 때 근본적인 내적 변화의 선순환이 시작되고 마음의 관성에 새로운 물꼬를 틀게 된다.

그렇다면 지현이 정말 하고 싶었던 말은 무엇이었을까? 지현이 자신의 생각과 감정을 정리하고 건강한 방식으로 자신의 요구를 전달한다면 아마도 이렇게 표현할 수 있지 않을까?

"그 말을 들으니 마음이 많이 아프네. 내가 부족하다는 생각이 들어서. 요새 되는 일도 없고 나만 문제라는 생각이 많이 들었거든. 도움을 주려고 하는 말이겠지만, 지금 나한테는 조언보다 위안이 필요해."

마음 다이어리를 통해 나 자신과 소통하고 내 마음을 읽어주었다면 이제 구체적으로 '어떻게' 자신의 마음을 전달할 수 있을지, 소통의 기본 테크닉을 배워 보자.

1. 지현의 예시를 참고하여 마음 다이어리 연습지를 작성해 보자. 마음 다이어리는 매일 있었던 일을 모두 기록하는 것이 아니라 '위기 상황'을 선별해서 필요할 때마다 기록한다. 어떤 상황을 '위기'라고 판단할 때는 부정적인 감정을 얼마나 강하게, 얼마나 오랫동안 느꼈으며 그로 인해 얼마큼 일상적인 활동에 지장을 받았는지가 판단의 기준이 된다. 가령 60% 이상의 격한 감정이 어느 정도 이어져 업무나 관계에 부정적인 영향을 끼쳤다면 위기 상황으로 볼 수 있다. 이를 바탕으로 최근에 휘둘렸던 일을 떠올려 보고 마음 다이어리를 작성하자. 매일의 날씨가 데이터로 쌓이면 일기예보가 되는 것처럼 마음 다이어리가 쌓이면 내 마음의 날씨를 이해하고 파악할 수 있다.

① **상황** 무슨 일이 있었나? 감정 버튼을 누르는 순간, 언제 어디서 누구와 무슨 일이 있었나? (도움말: 최근에 감정이 상해 아직까지 응어리가 남은 일이 있다면 먼저 그와 관련된 상황을 떠올려 본다. 감정 버튼을 누르는 순간 언제 어디서 누구와 무슨 일이 있었을까?)

② **감정** 그때 기분이 어땠나? 얼마나 힘들었나? (도움말: 마음의 신호인 감정과 몸의 감각에 집중해서 감정의 이름을 불러주고 그 정도를 측정해 본다. 감정 단어 사전을 참고하거나 몸의 반응에 집중해 감정 단어를 찾는다.)

감정 단어 ① ____________________%

감정 단어 ② ____________________%

감정 단어 ③ ____________________%

* 나의 감정에 가장 가까운 색을 골라 그래프에 색칠해 보자.

감정 단어1

감정 단어2

감정 단어3

* **몸의 반응** 몸의 어느 부위에서 어떤 반응을 느꼈나? 어떤 감정과 관련 있는지 연결 지어 보자.

몸의 반응 ______________________________ : 감정 ① ______________

몸의 반응 ______________________________ : 감정 ② ______________

몸의 반응 ______________________________ : 감정 ③ ______________

③ 생각 그렇게 느꼈을 때 어떤 생각이 떠올랐나? (도움말: 감정 뒤에 숨어 있는 생각을 읽어주기 위해서 서두르지 않고 마음의 소리를 경청하고 기록한다. '……라는 생각이 들어요' 혹은 1인칭이 아닌 3인칭으로 '○○는 ……라는 생각을 했어요'라고 표현해도 좋다.)

④ **행동** 그때 나는 어떤 행동으로 반응했나? (도움말: 마음이 휘둘릴 때 평소에 무심코 했던 행동을 자세히 적어 본다. 반복되는 행동이 있다면 해당되는 소통 유형을 점검한다. 그 다음 자신에게 정말 필요했던 것과 원했던 것은 무엇이었으며, 그중 도움이 되는 선택을 할 수 있다면 무엇인지 생각해 보자.)

❶ **소통 유형** 이러한 행동이 반복된다면 어떤 의사소통의 유형에 해당되는지 동그라미를 쳐 보자.

수동적 연두부형…(　　　)
공격적 불도저형…(　　　)
수동공격적 돌려까기형…(　　　)
건강한 단호박형…(　　　)

❷ **대안** 그때 정말 필요하고 원했던 것은 무엇이었을까? 나에게 가장 도움이 되는 선택을 할 수 있다면 무엇일까?

감정 단어 사전

다음의 〈감정 단어 사전〉은 세부 감정을 다양하게 표현하는 단어를 주요 감정으로 묶어 분류한 것으로, 자신의 감정을 표현하는 적절한 단어를 찾지 못할 때 볼 수 있도록 정리한 것이다. 하지만 감정의 종류를 분류하는 명확한 기준이 정해져 있지 않고 경우에 따라 다양한 방식으로 감정을 정의하고 분류할 수 있기 때문에 이를 유념하여 참고한다. 앞서 살펴보았듯이 직접적인 경험인 감정을 사고의 영역인 '언어'로 전환하는 과정에서 상황, 생각, 감각적 요소가 감정 단어에 혼합되기도 한다. 또 의미와 용도에 따라 일부 세부 감정은 몇 가지 감정 영역에 걸쳐 있기도 한다. 가령 '열광적인' 같은 감정은 관심의 영역으로 분류해 두었지만 의욕과 활력, 기쁨과 놀람의 요소를 포함할 수도 있다. '무감각한' 또한 무관심이 될 수 있지만 극도의 불안감으로 감각을 차단하는 경우의 무감각이 될 수도 있고 우울감이 깊어질 때 무기력한 무감각이 될 수도 있기 때문에 개인적인 경험에 따라 자신의 감정에 가장 가까운 단어를 찾기 위한 참고 사항으로 활용해 보자.

주요 감정	세부 감정
화	격분한, 분노한, 화난, 원망스러운, 괘씸한, 속상한, 언짢은, 짜증나는, 거슬리는, 억울한
죄책감	죄스러운, 미안한, 마음이 무거운, 뜨끔하는
수치심	수치스러운, 창피한, 부끄러운, 위축되는

우울	절망적인, 좌절한, 무기력한, 비참한, 비통한, 처참한, 자괴감, 박탈감, 상실감, 침통한, 가슴 아픈, 침울한, 우울한, 슬픈, 울적한, 낙담한, 실망한, 섭섭한, 아쉬운, 서운한, 씁쓸한, 의기소침한, 축처진, 기죽은, 시무룩한, 답답한
외로움	고독한, 소외감, 외로운, 쓸쓸한, 공허한
불안함	공황에 빠진, 얼어버린, 무감각한, 공포에 질린, 섬뜩한, 소름끼치는, 오싹한, 으스스한, 겁먹은, 무서운, 두려운, 불안한, 의심스러운, 염려하는, 긴장하는, 떨리는, 초조한, 안절부절 못하는, 스트레스 받은, 압박감, 근심하는, 부담스러운, 조심스러운
놀람	망연자실한, 충격받은, 깜짝 놀란, 당혹감, 당황한, 혹하는, 혼란스러운, 놀라운, 경이로운, 짜릿한
무관심	무관심한, 냉담한, 무감각한, 지루한
고통	마음이 찢어지는, 고통스러운, 골치 아픈, 진 빠진, 지친, 고단한, 피곤한, 힘겨운, 안타까운
불쾌함	혐오스러운, 역겨운, 증오하는, 진저리나는, 지긋지긋한, 미운, 불쾌한, 싫은, 기분 나쁜, 미심쩍은, 불편한, 질투 나는, 어색한
유쾌함	통쾌한, 쾌적한, 유쾌한, 속 시원한, 기분 좋은
기쁨	황홀한, 희망찬, 설레는, 신나는, 행복한, 즐거운, 기쁜, 자유로운
의욕과 활력	흥분한, 흥겨운, 들뜬, 의기양양한, 활력 있는, 기운 넘치는, 의욕 있는, 기운 없는, 의욕 없는, 귀찮은
만족	가슴 벅찬, 충만한, 만족스러운, 흐뭇한, 뿌듯한, 자랑스러운
감사	감격스러운, 감동적인, 고마운, 따뜻한, 훈훈한
안정감	태평한, 안온한, 한가로운, 여유로운, 평화로운, 고요한, 평온한, 편안한, 안정적인, 포근한, 차분한, 속 편한, 안전한, 든든한
관심	흠뻑 빠진, 열광하는, 열정적인, 집착하는, 몰두하는, 빠져드는, 끌리는, 집중하는, 사랑스러운, 사랑하는, 좋아하는, 다정한, 선망하는, 부러운, 끌리는, 호기심 있는, 호감을 느끼는

5장

내 마음을 전해줘:
말하기와 듣기

인간에게는 입이 하나,
귀가 두 개 있다.
이는 말하기보다 듣기를
두 배 더 하라는 뜻이다.

탈무드

단호박형의 말하기 테크닉

지금까지 휘둘리면서 할 말을 제대로 못하는 이유를 하나씩 살펴보면서 건강한 소통에 대한 기본 개념과 원리를 다루어 보았다. 1장에서는 건강한 소통이 무엇인지 알아보았고, 2장에서는 자신의 소통 유형을 점검하기 위한 4가지 소통 유형을 살펴보았다. 3장에서는 건강한 소통을 방해하는 마음의 올가미가 어떻게 형성되는지 들여다보고, 마음의 뿌리와 기둥의 개념을 짚어 보았다. 그리고 4장에서는 마음의 올가미에 얽매어 소통의 어려움을 겪는 위기 상황에서 먼저 나 자신과 소통하는 방법을 배웠다. 그렇다면 이제 내 마음을 상대에게 전달할 차례이다. 구체적으로 '어떻게' 하면 우리가 휘둘리지 않고 할 말을 할 수 있을까? 5장에서는 건강한 소통을 위해 필요한 기본적인 말하기·듣기 테크닉을 배워 볼 것이다.

소통은 나의 마음을 읽어주는 자신과의 소통에서 먼저 시작된다. 그리고 자신과의 소통은 내 마음을 타인에게 전달할 때 '나'의 무게 중심을 지키는 구심점이 된다. 나의 무게 중심을 지키는 말하기에서 가장 기본적인 테크닉은 '내'가 주체가 되는 문장을 사용하는 것이다. 그러기 위해서는 가능한 '나'를 주어로 삼아 자신의 생각과 감정, 요구를 담아야 한다. 이를 위해 내가 주체가 되는 단호박형 말하기의 기본형을 먼저 살펴보고, 이어서 다양한 형태로 변용할 수 있는 변화형 용법을 배워 보자.

기본형:
'나'를 주어로 [생각+감정+요구] 담기

한국어는 주어를 생략하거나 어순이 바뀌어도 뜻이 통하기 때문에 주어가 모호한 경우가 흔하다. 하지만 건강한 소통을 하려면 생각, 감정, 요구를 표현할 때 그 주체가 '나'라는 것을 명확하게 하는 것이 중요하다. '나'를 주어로 하는 문장은 내가 주체가 되어 선택할 권리가 있고 동시에 책임도 진다는 것을 의미한다. 이러한 문장은 상대방에게 책임을 전가하며 한쪽으로 기우는 소통의 무게 중심을 다시 자신에게 가져오는 역할도 한다. '나'를 중심으로 하는 문장은 다음과 같은 형태로 시작한다.

[생각] 나는 ……라고 생각해요. / 내 생각은…….

[감정] 나는 ……라고 느꼈어요. / 내 기분은…….

[요구] 나는 ……하기를 원해요(……가 필요해요). / 내가 원하는 건(내게 필요한 건)…….

갈등이 생겼을 때 '자신(나)'이 아닌 '상대(너)'를 주어로 표현하면 어떤 문제가 발생하는지 다음 대화를 통해 살펴보자.

민정 (짜증을 내며) 넌 항상 늦더라. 날씨가 이렇게 추운데, (넌) 기다리는 사람 생각은 하나도 안 하지? 넌 원래 이렇게 이기적이고 네 생각만 하니? 네가 너무 늦어서 기분 다 망쳤어.

소영 (버럭 하며) 차가 막혀서 어쩔 수 없었어. 미안하다 그랬는데 나보고 더 이상 어쩌라고?

민정 왜 화내? 전혀 미안한 태도가 아니잖아.

소영 네가 말을 막하니까 사과하기도 싫어져. 너도 예전에 늦었지만 많이 참았어.

민정 언제 적 얘기를 아직까지 들먹이는 건데?

이 대화에서 민정은 '넌 이렇고, 네가 이렇게 해서, 너 때문에'와 같이 상대방이 중심이 되는 문장을 사용한다. 이런 형식은 공격적인 비난이 되기 쉽다. 이에 반응하는 소영은 자신을 방어하면서 언성이 높아지고 과거의 이야기를 꺼내며 반격한다. 서로에 대한 공격이 아니라 문제를 제기하고 해결하는 데 초점을 맞추려면 '너'를 중심으로 생각이나 감정을 표현하는 것이 아니라 '나'를 중심으로 생각과 감정을 표현해야 한다.

부정적인 감정을 느꼈을 때 자신과의 소통을 통해 감정의 이름을 불러주고 읽어주었다면, 여기서도 '(나는) 속상해, 마음이 불편해, 화가 나, 불안해, 염려스러워, 당혹스러워'처럼 감정 단어를 명확하게 말로 표현한다. 민정이 소영의 지각 때문에 화가 나고 기분이 상했다면 '나 정말 속상해', '추운 날씨에 오래 기다려서 (난) 너무 화가 나'처럼 '나'를 주어로 감정을 표현해야 한다.

생각을 표현하는 경우에도 상대에게 나의 생각을 전달하는 것이므로 '나는 ……라고 생각해, 나는 ……라는 생각이 들어, 내 생각에는……'처럼 생각의 주체는 '내'가 된다는 것을 명확히 표현한다. 이때 자신의 생각은 주관적인 의견이므로 사실과 분명히 구분해준다. 가령 '너는 이기적이라 네 생각만 하기 때문에 기다리는 사람은 하나도 생각하지 않는다'는 것은 민정의 주관적인 의견이기 때문에 기정사실화하는 표현은 피한다. 대신 '나에 대한 배려가 부족했다는 생각이 든다'라고 표현할 수 있다.

내가 원하는 것, 혹은 필요한 것을 상대에게 요구하는 경우도 마찬가지다. '요구하기'는 문제에 대한 생각과 감정을 표현한 후 내가 제기한 문제를 해결하는 단계이다. 따라서 '내가 하고 싶다', 혹은 '하고 싶지 않다'는 말로 정확하게 부탁하거나 요구한다. 즉, '(나는) ……하고 싶어/……하고 싶지 않아', '(내가 원하니까) ……해줘/……하지 말아줘'처럼 '나'를 주어로 해야 한다. 간혹 자신이 원하는 것임에도 불구하고 '엄마가 원해서' 혹은 '친구가 부탁해서'라고 변명하는 경우를 보게 된다. 타인을 주어로 삼는 이러한 표현은 자신이 선택한 것이 아니기 때문에 책임지지 않아도 된다는 의미를 내포할 수 있다.

또 상대에게 요구를 할 때는 가능한 언제까지 어떻게 해달라는 식으로 구체적으로 말하는 게 좋다. 가령 민정이라면 소영에게 '다시는 늦지 마'처럼 두루뭉술하게 말하는 것보다 '다음에는 늦을 것 같으면 미리 연락해줘', 혹은 '밖에서 기다리는 건 힘드니까 다음부터는 카페나 실내에서 만나자'라고 해야 상대도 요구에 응하기 쉽다.

이때 '왜 그랬어?'라는 식으로 '왜'를 따지는 것보다 정확하게 원하는 것이 무엇인지를 요구하는 것이 효과적이다. 여기서 '왜'라는 질문을 잘 들여다보면 문제의 원인에 대한 호기심이나 궁금증을 표현한다기보다 '그러면 안 되는 거야'라는 보이지 않는 전제가 숨어 있고, 이어서 '안 되는 건데 그렇게 한 이유가 뭐야'라는 의미에 가깝다. 따라서 이런 질문은 문제를 해결하기보다 변명이나 반격과 같은 상대의 과잉 방어를 유도할 수 있다. 연인 사이에서도 '도대체 왜 이렇게 행동해?'라고 따지는 표현은 소모적인 다툼으로 이어지기 쉽다. '왜'라고 묻기보다 '이런 행동은 하지 말아줘'라고 요구를 명확하게 전달하는 것이 더 건강한 소통 방식이다.

변화형:
'나'를 주어로 [감정] 소통하기

민정과 소영의 대화는 대인 관계에서 빈번하게 일어날 수 있는 갈등 상황을 보여준다. 갑자기 약속을 취소한다든지, 양말을 아무데나 벗어 놓거나 청소를 하지 않는 등 상대로 인한 부정적인 결과에 불만이 생기는 경우이다. 불만이 쌓여 화가 폭발하거나 실망이 커지는 경우, 우리는 공격적이거나 수동적으로 반응하기 쉽다. 이럴 때는 타인을 향한 비난이 아니라 내가 주어가 되는 문장을 사용해서 자신의 감정에 초점을 맞추는 '감정 소통'을 해 보자. 기본형에 변화를 준 감정 소통은 생각, 감정, 요구를 모두 담는 것이 아니라 감정을 중심으로 '골라 담는' 형태이다. 감정 소통을 통해 부정적인 감정을 쌓아 두지 않고 표현하면 긴장을 어느 정도 낮추고 감정을 스스로 처리할 수 있는 마음의 여유를 갖게 된다.

[감정] 골라 담기 (나는) 속상해.

[감정+요구] 골라 담기 속상해. 다음에는 늦으면 미리 연락을 줘.

[결과+감정+요구] 골라 담기 추운데 30분을 기다려서 속상해. 다음에는 늦으면 미리 연락을 줘.

내가 주어가 되는 감정 소통의 가장 단순한 형태는 자신의 감정을 간결하고 명확한 감정 단어로 표현하는 것이다. 가령 청중 앞에서 연설을 할 때 긴장감을 억누르는 것보다 '무척 긴장이 되네요'라고 말하거나, 갈등 상황에서 '화가 나', '속상해'와 같이 자기 감정에 집중해서 간결하게 표현한다. 이때 감정에 요구를 더하여 표현할 수도 있다. 가령 '무척 긴장이 되네요. 응원 좀 부탁드립니다', '나 속상해. 그런 행동은 하지 말아줘'와 같이 요구를 덧붙인다.

감정과 요구에 '결과'를 덧붙여 [결과+감정+요구]의 형태로 감정 소통을 발전시킬 수도 있다. 상대의 행동으로 인해 어떤 결과가 발생했는지 설명하고 자신의 감정과 요구를 표현하는 것이다.

이때 상대의 죄책감을 유발하기 위해 과장하거나 왜곡하지 않고 사실 그대로 어떤 즉각적인 '피해'가 발생했는지 인지시킨다. 이때 이러한 결과에 대해 내 생각이 어떤지 굳이 덧붙이지 않는 것이 메시지를 간결하고 분명하게 한다면 생략한다.

상대의 행동에 따른 결과를 설명할 때는 대화가 비난이나 공격으로 흐르지 않도록 특히 유의한다. '네가 ……해서' 혹은 '너 때문에' 같이 '사람'에 초점을 맞추지 않고 '너의 행동'에 의해, 혹은 '상황이 이렇게 되어서'라고 문제 상황이나 행동을 정리해주는 것이 좋다. 민정의 경우 약속 시간에 늦은 소영에게 '너'라는 사람에 집중해서 비난하는 말 대신 '연락도 안 되는데 추운 데서 (내가) 30분이나 기다렸어'라고 결과를 언급한다. 그다음 '화가 나고 속상해'라고 감정을 표현하고 '다음에는 실내에서 만나' 혹은 '미리 늦는다고 연락이라도 줘'와 같은 방식으로 문제 해결을 위한 요구 사항을 전달하는 것이 좋다.

'나'를 주어로 무게 중심 지키기

단호박형 말하기에서 다시 한 번 강조하고 싶은 점은 '나'를 주어로 삼아 자신의 무게 중심을 지키는 것이다. 이 점은 쉴 새 없이 우리를 휘두르는 상대를 대할 때 특히 중요하다. 예를 들어 내가 불편한 감정을 표현했는데도 상대가 '농담인데, 별일 아닌데, 네가 예민한 거야'와 같은 말로 나의 감정을 부정하는 경우가 있다. 이런 '위기 상황'에서도 침착하게 할 말을 하려면 했던 말을 반복하며 전달하고자 하는 메시지를 다시 강조한다. 즉, '너는 아니라지만 그래도 나는 불쾌해' 혹은 '그래도 불쾌하니까 나한테는 하지 말아줘'와 같이 표현한다.

이때 상대방의 행동과 상황에 따라서 표현의 제조법도 다소 달라질 수 있다. 따뜻함과 단호함 사이에서 따뜻함 5스푼, 단호함 5스푼이 적절할 때도 있지만 상대의 '선을 넘는' 행동이 거듭되면 따뜻함 2스푼, 단호함 8스푼이 더 효과적인 제조법이 될 수도 있다. 가령 '하지 말아줘'가 아니라 '하지 마'라고 요구하는 방식이다. 이때도 공격적이거나 수동적인 태도가 아니라 침착하면서도 분명한 태도를 유지한다.

단호박형 말하기에서 주의할 점

따뜻하면서도 단호한 소통을 위해 '나'를 주어로 생각, 감정, 요구를 말하는 기술에 대해 살펴보았다. '나'를 주어로 하는 말하기는 무게 중심을 지키는 방법이기 때문에 상대가 선을 넘는 언행을 할 때 휘둘리지 않고 할 말을 할 수 있다. 이러한 건강한 단호박형 말하기에는 몇 가지 주의할 점이 있다.

문장을 명료하고 간결하게 끝낸다

말이 너무 짧으면 대화를 거부한다는 인상을 줄 수 있지만, 반대로 같은 말을 반복하거나 요점을 제대로 말하지 않고 내용이 장황하면 상대가 거부감을 느낄 수 있다. 특히 화가 나거나 불안할 때, 혹은 괴로운 감정이 해소되지 않았을 때 자기 기분이 풀릴 때까지 했던 말을 반복하면서 하소연하거나 잔소리를 늘어놓을 때가 있다. 하지만 기분은 몰두한다고 좋아지지 않는다. 이렇게 되면 '이런 문제가 있으니까 해결해줘'라는 메시지의 효과는 반감되고 상대방은 상황을 모면하는 데만 급급하게 된다. 따라서 전달하려는 메시지는 적절한 길이로 명료하게 표현하고, 빙빙 돌리는 장황한 말, 반복되는 말은 하지 않는다.

사실과 의견을 구분한다

'그건 원래 그래'라든가, '무조건 이게 맞아'처럼 자신의 주관적 의견을 기정사실화하는, 이른바 '뇌피셜'이라고 하는 언어 습관은 독단적이라는 인상을 줄 수 있다. 사실이 아닌 자기 경험이나 의견은 '내 생각에는, 내 의견은, 내 경험상' 등으로 이야기한다. 설령 본인은 그것이 사실이라 생각하더라도 객관적으로 정확한지 '팩트 체크'를 해야 하며, 사실 확인이 어렵거나 정확하지 않을 경우 '내 기억에는', '내 생각에는'이라고 말한다.

일방적으로 말하지 않는다

대화는 말을 주고받는 것이기 때문에 내 말을 하는 것도 중요하지만 상대의 말을 듣는 것도 중요하다. 상대방의 이야기를 잘 받아주는 것도 소통의 기술이다. 아무리 말솜씨가 뛰어나도 혼자만 말한다면 연설이지 대화가 아니다. 대화는 원맨쇼가 아니기 때문에 혼자 책임지고 분위기를 띄우거나 이끌어가야 하는 것 또한 아니다. 아무리 달변이라도 자신의 이야기만 하거나 상대방의 말을 끊는다면 듣는 사람은 존중받는다는 생각을 하기 어렵다. 상대방의 말을 듣고 반응을 해주는 것은 관심을 기울이고 존중한다는 메시지를 준다.

사람과 행동을 분리한다

간단히 말하자면 어떤 상황이나 사건에 대해 '그런 사람'이라고 탓하거나 지적하지 않고 '그런 행동'에 대해 주의를 주는 것이다. 예를 들어, 아이가 앞을 제대로 보지 않고 걷다가 넘어진다. 부모는 걱정되면서도 속상한 마음에 버럭 화를 내고 만다. "넌 왜 이렇게 조심성이 없어!"

이러한 비난은 부주의한 행동이 아니라 '넌 조심성 없는 아이'라고 아이의 인격을 공격한다. 행동은 바꿀 수 있지만 나라는 존재 자체는 바꿀 수 없다. 따라서 이런 말을 듣는 상대는 '앞으로는 제대로 보고 다녀야겠다'라는 행동 개선의 의지를 가지기 힘들다. 이런 메시지가 켜켜이 쌓일 때 우리는 '나는 원래 그런 아이야'라는 부정적이고 왜곡된 자아관을 형성한다.

반면, '조심성 없는 아이'가 아니라 '조심성 없는 행동'으로 사람과 행동을 분리하면 변화의 기회와 선택권을 주게 된다. 문제를 지적할 필요가 있을 때는 사람과 행동을 분리해서 사람이 아닌 행동에 초점을 맞춘다. 따라서 아이가 넘어진 경우 '앞을 제대로 보지 않으면 넘어질 수 있으니 조심해'라고 행동에 대한 개선사항을 말한다.

다른 사람과 비교하지 않는다

'다른 아이들은 잘만 하는데', '다들 이 정도는 하잖아' 같은 비교는 소통에 도움이 되지 않는다. 다른 사람과의 비교는 구체적인 문제 제기와 해결책 없이 '너는 남보다 열등하다'라는 메시지를 주게 된다. 이러한 메시지는 절망과 포기, 분노와 저항을 일으킬 수 있다. 굳이 비교가 필요하다면, '남들보다' 대신 '어제보다'로 비교하는 것이 낫다. 즉, '나보다 더 잘난 남들'과 비교하는 것이 아니라 '어제의 나보다 더 나은 나'와 같이 비교 대상을 타인이 아닌 자신으로 삼는 것이 효과적이다. 상황에 따라 내가 아닌 다른 비교 대상이 필요한 경우에는 단순히 남과 비교하는 것이 아니라 사람과 행동을 분리해서 다른 사람의 더 효과적인 '행동 사례'를 통해 배울 점을 찾아준다.

유연하고 열린 태도를 유지한다

갈등은 우리를 휘두르는 위기 상황일 수도 있지만 성장과 배움의 기회가 되기도 한다. 갈등을 성장과 배움의 기회로 삼기 위해서는 비난에 집중하는 것이 아니라 '같이 해결해 보자' 같이 협력에 초점을 맞추는 태도가 중요하다. 협력을 통해 지혜를 모으기 위해서는 '그건 말도 안 된다'라는 닫힌 태도로 상대방의 제안이나 아이디어를 차단하지 않고 유연하고 열린 자세로 상대의 참여를 유도한다. 예를 들어 '어떻게 하는 게 좋을까?', '네 생각은 어때?'와 같이 상대의 발언을 격려한다.

주제와 목적에서 이탈하지 않는다

건강한 소통을 하려면 '무엇에 대해서' 소통하고 '무엇을 위해서' 소통하는지 주제와 목적이 분명해야 한다. 예를 들어 퇴근 후 지치고 짜증이 잔뜩 나 사소한 것에도 예민한 상태라고 하자. 이때 동생이 설거지를 부탁하고 나는 피곤해서 거절하고 싶다. 이때 대화의 주제는 '쌓여 있는 설거지를 누가 할지 정하는 것'이고 나의 목적은 '지금은 할 수 없다는 메시지를 전달하는 것'이 된다. 단지 싸우면서 지치고 화난 감정을 화풀이하는 것이 목적이 아니라면 자신의 감정, 생각, 요구를 제대로 전달할 수 있도록 대화의 중심을 이탈하지 않는다.

다음의 예를 살펴보자.

* 일하다 와서 피곤한데 꼭 이래야겠어? 너는 공부한답시고 하루 종일 집에서 뭐 했니? → **공격적 불도저형**
* 오늘은 정말 힘들어서 좀 쉬고 싶은데. 내일은 내가 할 테니까 오늘은 좀 부탁할게. → **건강한 단호박형**

대화가 진행되면서 빈번히 주제를 이탈하게 되면 그때마다 대화의 주제와 목적을 다시 상기시키며 돌아오는 과정을 반복한다. 여기서 '집 나간 주제'를 데려오기 위해서는 상대의 태도가 아닌 내용에 대응해야 한다. 상대의 태도를 문제 삼게 되면 대화의 주제를 이탈하게 되어 말꼬리를 잡고 늘어지거나 싸움을 위한 싸움이 된다. 결국 문제는 해결되지 않고 소통은 단절된다.

단호박형의 듣기 테크닉

우리는 말을 잘하는 사람보다 말을 잘 들어주는 사람에게 호감을 느낀다. 대화를 할 때 '말이 통한다'고 느낀 경험을 되짚어 보면, 상대방이 말을 잘했다기보다 나의 말을 잘 들어주고 잘 반응해주었다는 것을 발견하게 된다. 그런데 우리는 대개 듣기보다 자신에 대해서 말하기를 좋아하고 이해하기보다 이해받기를 원한다. 연구결과에 따르면 사람들은 자신의 시간 중 40퍼센트 정도를 자신에 대해 말하는 데 할애한다고 한다. 그만큼 다들 말하는 것을 좋아한다는 뜻이다. 토크쇼를 편안하게 잘 이끄는 진행자의 소통 방식을 보면 잘 듣고 반응하는 기술을 적극적으로 활용하고 있다는 것을 발견할 수 있다.

하버드대학교의 연구에 따르면 우리는 자신에 대해 말을 할 때

뇌에서 도파민이 분비되어 성관계를 하거나 좋아하는 음식을 먹을 때처럼 즐거움을 느낀다고 한다. 그렇다고 모두 자기 이야기만 하면 어떻게 될까? 말하는 사람만 많고 듣는 사람이 없다면 올바른 소통은 이루어지지 않을 것이다. 그러니 상대가 내 말을 잘 들어주었으면 하는 것처럼 나 역시 상대의 말을 잘 들어주어야 한다. 혼자만 먹으려는 사람과 식사를 함께 하고 싶지 않은 것처럼, 듣지 않고 자기 말만 하려는 사람과 대화하고 싶지 않은 것은 자연스러운 일이다. 건강한 소통을 위해서는 말하기뿐만 아니라 듣기의 기술이 필요하다.

제대로 듣고 제대로 반응하는 기술

대화를 할 때 '리액션', 즉 반응이 좋은 사람들이 있다. 적절한 반응은 상대에게 내가 당신의 말을 잘 듣고 있다는 신호를 주고 대화를 이어가도록 한다. 듣고 반응하기 테크닉에는 어떤 것이 있는지 살펴보자.

- **네네 반응** '나 잘 듣고 있어요'라는 메시지를 전달한다. 들으면서 '응' 또는 '네'와 같은 추임새를 넣는 단순한 반응이다.

* **맞장구 반응** '그래', '맞아, 맞아' 같이 동조하며 맞장구를 쳐주는 반응이다. 이때 '나도 그랬어, 나는 말이야' 하면서 자신의 말만 이어가면 오히려 역효과가 발생한다.
* **거울 반응** 상대방이 한 말의 일부를 반복하여 되묻는 반응이다. 가령 상대가 '요즘 퇴근하고 남자 친구랑 매일 만나'라고 하면 '남자 친구랑, 매일?' 하는 식으로 반응하는 것이다.
* **요약하기 반응** 단순히 반복하는 거울 반응을 좀 더 발전시킨 것으로, 상대의 말이 길어지거나 내용이 정리되지 않을 때 중간에 한 번씩 끊어서 요약해준다. 토론의 사회자나 토크쇼의 진행자들이 자주 사용하는 테크닉인데, '내가 잘 이해하고 있다'라는 메시지를 전달하거나 '내가 잘 이해하고 있는지' 확인하는 역할을 한다.
* **유도 반응** '그런데?', '그래서 어떻게 됐어?'와 같이 다음 내용이 이어지도록 호기심을 보이는 반응이다. 상대방의 말에 '관심 있다, 궁금하다, 듣고 싶다'라는 메시지를 전달한다. 구체적인 질문을 던져서 상대가 말을 이어가도록 유도하면 좋다.
* **감정 표현 반응** '우와!' 같은 감탄사나 '너무 슬프다' 같은 표현을 통한 감정적 반응이다. 이야기를 들으면서 자신의 감정을 표현해준다.
* **공감 반응** 말하는 사람의 감정을 함께 느껴주는 반응이다. 상

대의 말에 잘잘못을 가리지 않고 있는 그대로 읽어주기 때문에 상대의 말을 되받아주는 요약하기 반응과 유사한 면이 있다. 하지만 요약하기 반응이 단순히 상대의 말을 정리하는 것이라면 여기서는 상대의 감정에 공감한다는 점이 중요하다. 공감 반응을 해주면 상대는 '내 마음을 이해하는구나, 내 말에 공감하는구나'라는 생각을 하게 되고 소통이 원활해진다. 공감 반응의 가장 단순한 형태는 단순히 '그랬구나'라고 말해주는 것이다. 조금 더 발전시키면 상대의 감정을 읽어주며 '그래서 화가 났구나, 그래서 힘들었구나'와 같이 감정 단어를 짚어서 말해준다. '그랬구나 반응'을 한 단계 더 발전시키고 싶으면 마음 읽어주기 테크닉을 활용할 수도 있다.

상대의 마음을 읽어주는 적극적 듣기

듣고 반응하기의 기본 테크닉을 연습했다면 한 단계 난이도를 높여서 적극적으로 듣는 기술을 배워 보자. '사람이 먼저다'로 요약할 수 있는 인본주의 상담의 창시자 칼 로저스(Carl Rodgers)는 '적극적 경청(Active Listening)'의 개념을 제시했다. 적극적 경청의 핵심 내용을 바탕으로 상대방의 마음을 읽어주는 테크닉을 살펴보자.

'상대의 마음 읽어주기' 테크닉은 상대가 아무 말을 하지 않아도 눈빛만 보고 알아채는 독심술이 아니다. 나 자신의 마음을 읽어주었던 것처럼 똑같은 테크닉을 상대방에게 적용시키는 것이다. 그렇게 하기 위해서는 상대를 평가하거나 교정하려 하지 않고 먼저 관심을 기울이고 편견 없이 듣는 태도가 필요하다.

1단계는 '읽어주기'이다. 4장에서 살펴본 '내 마음을 읽어주는 4가지 주문'을 똑같이 적용하여 상대방의 말을 상황, 생각, 감정, 행동으로 나누어 읽는 것이다. '이런 상황에서 네 생각이 이러했구나', '기분은 이러했구나', 그래서 '이렇게 행동한 거구나'라고 상대방이 말하는 중간에 쉼표를 찍는 구간마다 짧게 되받아준다. 앞에서 살펴본 '듣고 있다'라는 '네네 반응'과 '그랬구나, 이해해'라는 '공감 반응'이 발전된 형태이다.

상대의 마음을 읽어주는 단계에서 주의할 점은 자신이 짐작하여 없는 말을 더하지 않고 상대방이 말한 내용만 읽고 되받아준다는 것이다. 상대의 말에 감정 표현은 있지만 생각에 대한 내용이 빠졌다고 해서 상대의 생각을 자신이 채워 넣지 않는다. 가령 '(내 생각에) 너는 이랬던 거야'처럼 자기 의견을 덧붙이게 되면 자칫 상대를 분석하고 평가하려는 인상을 줄 수 있다.

2단계는 '요약하기'이다. 1단계의 '읽어주기'를 바탕으로 핵심 내용을 요약하는 것인데, 대화의 주제와 목적을 이탈하지 않도록 돕는다. 앞의 '요약하기 반응'이 좀 더 발전된 형태로 '한마디로 이런 말이지요? 내가 잘 이해하고 있나요?' 같은 메시지를 통해 상대의 말을 수동적으로 듣기만 하는 것이 아니라 잘 이해하고 있다는 것을 확인시켜준다. 말이 길어지거나 상대방의 감정이 격앙되어 두서없을 때 한 번씩 내용을 요약하고 정리해주면 대화가 매끄럽게 이어진다. 마지막으로 '네 말은 상황이, 생각이, 감정이 이러했고, 그래서 이렇게 행동했다는 거지?'와 같이 정리해서 표현한다.

3단계는 '되묻기와 덧붙이기'이다. 이 단계는 단순히 상대의 말을 되받아주고 요약해주는 것이 아니라 나의 생각과 감정을 덧붙이거나 상대가 스스로 문제를 탐색하고 해결할 수 있도록 질문을 던지는 것이다. 상대의 말을 읽어주고 요약한 뒤 '말을 듣고 보니 내 생각은 이랬어', '나는 이런 기분이 들었어'와 같이 '나'를 주어로 하는 문장으로 표현한다. 이때 '넌 그렇게 생각하면 안 되지, 그렇게 느끼면 안 되지'라는 말로 상대방의 생각과 감정을 지적하거나 '이렇게 해야지'라고 교정하는 것보다는 상대에게 질문을 던지는 것이 좋다. '혹시 이 부분을 다른 방식으로 생각할 수 있다면 어떨까?', '다른 선택을 할 수 있다면 어떨까?', '어떻게 (해결)하면 좋을까?'라는 질문으로 상대가 스스로 자신의 생각과 감정, 행동을 되돌아보고 더 나은 방식을 딤색하고 선택할 수 있는 기회를 주는 것이 바람직하다.

단호박형 듣기에서 주의할 점

상대의 말을 잘 듣고 반응하는 테크닉에는 몇 가지 주의사항이 있다. 첫째는 일단 상대의 말을 듣고 반응만 해주어도 충분하다는 것이다. 특히 상대방이 불편한 감정을 이야기할 때, 직접적으로 도와달라고 부탁하지 않는 이상 그의 마음을 내가 책임지고 해결해줘야 한다고 느낄 필요가 전혀 없다. 이런 부담감을 느끼게 되면 '내가 기분 전환을 시켜줘야 돼', '저 사람의 생각과 행동을 바꿔줘야겠어' 혹은 '내가 이 상황을 대신 좀 해결해줘야 해'라고 생각하기 쉽다. 그래서 섣불리 상대를 평가하고 지적하면서 교정하려 하기 때문에 원하지 않는 조언을 밀어 넣거나 문제를 대신 해결해주기도 한다. 이렇게 되면 상대는 자신이 존중받거나 공감받는다고 생각하기 힘들고 오히려 자신에게 문제가 있다고 생각하거나 간섭받는다고 느낄 수도 있다. 그러면 나는 도움을 준다고 생각했지만 오히려 비난을 받는 등 역효과가 발생할 수 있다.

둘째, 내가 전달하려는 메시지와 몸의 언어에 일관성이 있어야 한다. 가령 '네네 반응'은 '듣고 있다'는 메시지를 주는 반응인데, 다른 곳을 쳐다보면서 '네네' 하면 진정성 없는, 그야말로 '영혼 없는 반응'이 된다. 영혼을 담은 반응이 되기 위해서는 목소리와 표정, 행동도 '듣고 있다'는 메시지와 일치해야 한다. 만약 상대가 상처받았던 이야기를 어렵게 꺼내는데 가볍게 웃으면서 들으면 '웃어넘길 수 있는 가볍고 사소한 일'이라는 메시지를 줄 수도 있다.

말을 들을 때는 지나치게 한쪽으로 몸을 기울이거나 불안정한 자세를 억지로 유지하면 불편하고 인위적으로 보이기 때문에 최대한 안정감 있고 편안한 자세와 표정으로 듣는다. 손도 어색하게 감추거나 산만하게 두지 않고 상대방을 향해서 약간 열려 있거나 가볍게 잡는 정도의 동작이 좋다. 그리고 앞으로 나란히 정도의 거리가 대개 너무 가깝지도 멀지도 않은 적당한 거리가 되는데, 여기서 상대방을 향해 약간 몸을 기울인 자세로 들으면서 고개를 한쪽으로 아주 약간 기울이는 정도가 좋다. 단호박형의 자세와 표정 등 몸의 언어에 대한 자세한 사항은 2장을 참고해 보자.

5장까지는 건강한 소통을 위한 기본 원리와 기본 테크닉을 배워 보았다. 이제 6장부터 9장까지는 우리가 불편하고 어렵게 느끼는 다양한 상황에서 적용할 수 있는 응용 테크닉을 좀 더 자세히 배워 보자.

1. 5장에서 배운 말하기와 듣기 테크닉 중에서 매일 하나씩 골라서 집중적으로 연습해 보자. 친구나 가족과 함께 가상의 시나리오를 정해서 특정 테크닉을 연습하기 위한 역할극을 할 수도 있다.

2. 접근하기 쉬운 테크닉부터 실제 상황에 하나씩 적용시켜 연습해 보는 것도 좋다. 예를 들어 월요일에는 듣고 반응하기 테크닉 중에서 '네네 반응'을, 화요일에는 '거울 반응'과 '요약 반응'에 집중해서 연습하는 식이다.

3. 친구나 가족, 연인 등 가까운 사람과 함께 영화나 드라마 등을 보고 각자 생각과 감정을 자유롭게 표현하고 이야기를 나누어 보며 말하기·듣기 테크닉을 연습해 보자.

6장

거절이 가벼워지는 법

양고기국이 아무리 맛이 좋아도,
모든 사람의 입에 맞추기는 힘들다.

《명심보감》,
〈성심편〉

거절은 누구에게나 어렵다

무리한 부탁을 거절하지 못하고 울며 겨자 먹기로 승낙했다가 끙끙거렸던 경험은 누구에게나 있을 것이다. 처음에는 기분 좋게 호의를 베풀었지만 점점 무리한 부탁이 계속되면서 원망이 쌓이는 경우나, 솔직하게 거절하기가 힘들어 다른 변명을 둘러 대고 빠져나왔던 경우도 경험해 보았을 것이다.

수동적인 연두부형은 속으로는 거절하고 싶어도 겉으로는 거절하지 못해서 끌려 다니거나 다른 사람들의 짐을 떠맡게 되면서 마음에 분노와 원망이 쌓인다. 공격적인 불도저형의 경우 거절은 어려운 일이 아니지만, 문제는 배려나 존중이 없는 공격적인 거절이라는 점이다. 이것은 마치 가볍게 건네주어도 되는 공을 시속 150킬로미터로 던지는 것과 같다. 이런 방식의 거절은 상대에게 상처를 주고 분노와 원망을 사게 된다. 결국 양쪽 모두 건강한 거절의 방식이 아니며, 거절하는 사람과 거절당하는 사람 모두를 힘들게 한다. 그렇다면 거절이 이토록 힘든 이유는 무엇일까?

거절이 힘든 이유는 1장에서 말한 '할 말을 제대로 하지 못하는 이유'와 일맥상통한다. 첫째, 건강한 소통 방식으로 거절하는 방법을 잘 모르기 때문이고, 둘째, 거절에 대한 두려운 생각이 우리를 옭아매어 건강한 거절을 방해하기 때문이며, 셋째, 거절이 익숙하지 않아서 예전 습관대로 반응해 버리기 때문이다. 그렇다면 거절을 방해하는 마음의 올가미를 먼저 점검해 보고 서로를 지키는 거절의 기술을 구체적으로 살펴보자.

건강한 거절을 방해하는 마음의 올가미

우리는 누군가의 부탁을 거절하거나 반대로 다른 사람에게 거절을 당하는 과정에서 상처를 받거나 주기도 하며, 이러한 경험이 쌓여 거절에 대한 부정적인 신념을 갖게 된다. 그리고 아픈 경험을 반복하지 않기 위해서 '응당 이러해야 한다'는 경직된 규칙을 세우게 된다. 이렇게 만들어진 거절에 대한 신념과 규칙은 평소에는 잠자고 있다가 돌발적인 위기 상황에서 깨어나 우리의 마음을 마구 휘두른다. 그렇다면 어떤 마음의 올가미가 건강한 거절을 방해하는 것일까? 다음의 체크리스트를 통해 거절하지 못하는 마음속에 어떤 올가미가 숨어 있는지 점검해 보자.

□ 거절은 무례함이며 상대에 대한 공격이다.

□ 거절은 차갑고 이기적인 행동이다.

□ 거절은 상대방을 실망시키고 감정을 상하게 하는 것이다.

□ 거절은 상대를 거부하고 싫어한다는 뜻이다.

□ 거절은 상처를 주는 행동이다.

□ 나는 다른 사람의 부탁을 거절하면 안 된다.

□ 나는 다른 사람에게 거절당하면 안 된다.

□ 도움을 부탁하는 것은 내가 무능력하거나 부족하다는 뜻이다. 혹은 나의 약점을 드러내는 것이다.

□ 내가 부탁한다면 상대방에게 부담이 될 것이다. 상대에게 부담이 되어서는 안 된다.

□ 내가 부탁해도 거절당할 것이다.

□ 나는 다른 사람들의 부정적인 감정에 책임져야 한다. 나의 거절에 다른 사람이 상처받았다면 내 탓이기 때문이다.

□ 나보다 다른 사람의 일을 우선하며 맞춰주어야 한다. 그러지 않으면 이기적인 사람이다.

□ 내가 거절하면 비난이나 공격을 당할 것이다. 미움받거나 관계가 깨져버릴 것이다.

□ 나는 거절할 자신이 없고 뒷감당할 자신도 없다.

이 같은 생각들이 거절을 방해하는 대표적인 마음의 올가미이다. 많은 사람들이 '가끔', '어쩔 때' 혹은 '경우에 따라' 이런 올가미에 잠시 발목이 잡힌다. 하지만 '무조건', '거의 항상', '늘', '일반적으로' 같은 수식어를 체크리스트의 각 항목에 붙였을 때 3개 이상의 항목이 자신의 경우에 해당된다면 건강한 거절에 어려움을 겪는다고 할 수 있다.

가령 거절이 '(어떤 경우라도) 이기적인 행동이며, 상대를 거부하고 싫어하는 표현'이라고 여긴다면 거절을 하는 것뿐만 아니라 거절을 당하는 것도 매우 어려워진다. 마음의 기둥에 해당되는 이러한 '신념'은 특수한 상황을 참작하지 않고 '무조건', '늘', '항상'이라는 수식어를 동반하면서 삶을 떠받치는 명제가 된다. 따라서 '나는 (결코) 거절을 해서도 안 되고 당해서도 안 된다'는 경직된 삶의 규칙으로 이어지게 된다. 이러한 삶의 규칙을 어쩌다 어기는 것은 그리 대수롭지 않다고 생각할 수 있지만, 거절로 인해서 우리가 무능력한 가장이나 이기적인 딸이라는 날 선 비난과 공격을 받고 결국 미움받거나 버림받을 수도 있다고 생각하면 두려움이 커질 수밖에 없다.

그렇다면 부정적인 생각으로 점점 최악의 상황까지 치달으며 마음의 뿌리까지 공격하는 올가미에서 벗어나기 위해서는 어떻게 하는 것이 좋을까?

건강한 거절을 위한 변화

거절을 위한 건강한 소통법의 첫 번째 단계는 거절을 어려워하는 내 마음을 읽어주는 것이다. 최근에 거절하고 싶었지만 거절하지 못했던 일이 있었다면 떠올려 보자. 또는 거절하지 못해서 오랜 기간 감정의 응어리가 남았던 경험을 떠올려 보아도 좋다. 먼저 4장에서 살펴본 마음 다이어리를 통해 그때의 내 마음을 상황, 감정, 생각, 행동의 4가지 마법의 주문으로 나누어 읽어준다.

두 번째 단계는 앞의 체크리스트를 통해 거절이 내게 어떤 의미이고 따라서 무엇을 응당 해야 된다고 믿고 있는지 거절에 대한 나의 신념과 규칙을 생각해 보는 것이다. 또 거절이 어떤 부정적인 결과를 일으킨다고 믿고 있는지 거절에 대한 걱정과 두려움의 실체를 들여다본다.

세 번째 단계는 거절하는 방법을 직접 실천해 보고 거절에 대해 가졌던 자신의 신념과 규칙을 스스로 깨는 것이다.

그렇다면 거절에 대한 생각과 행동을 변화시키는 구체적인 방법을 배워 보자.

거절을 바라보는 새로운 시각

처음으로 상담실을 찾은 상훈은 많은 역할을 떠맡으며 책임감에 짓눌려 있었다. 그는 아이 둘의 아빠인 동시에 남편이고 장남이며 10년차 직장인이다. 각각의 역할에는 그에 따른 기대와 이에 부응하려는 책임감이 따른다. 상훈은 자신에게 주어진 역할을 모두 완벽하게 해내려고 애쓰지만, 오늘도 피곤하다.

그는 이상적인 장남의 역할을 해내느라 부모님과 동생 내외의 무리한 부탁을 거절하기 힘들다. 부모님 생활비와 집안의 경조사를 모두 챙기고 직장에서는 승진에 누락될까 봐 초과근무도 마다하지 않는다. 동시에 완벽한 남편과 완벽한 아빠가 되기 위해 나름대로 최선을 다하지만 가족과 함께하는 저녁이 있는 삶은 거의 불가능하다. 늘 피곤한 상훈은 아이들과 시간을 보내는 주말도 쉬고 싶을 뿐이지만 어떻게든 아빠 역할에도 열심이다. 하지만 그는 가족과 함께 있어도 무슨 말을 해야 할지 모르겠다며 자기만 소외된 것 같다고 한다. 상훈은 아내의 불만에 억울한 생각도 들지만 다 자기 잘못인 것 같아 속으로 삼킨다. 그는 표현하지 않고 침묵할 때 자신의 쓸쓸한 뒷모습을 아무도 알아주지 않는 것 같다.

만성적인 불안감으로 상담실을 찾은 아만다는 희생의 아이콘이자 슈퍼맘으로, 일과 육아를 모두 완벽하게 해내려고 아등바등한다. 남편에게 육아를 맡기거나 동료에게 업무를 맡기면 답답해서 결국 자신이 처리해 버린다. '원더우먼'처럼 모든 것을 도맡아 해내지만 그럴수록 사람들은 더 많은 일을 떠맡기는 것 같다. '슈퍼맘'이라는 지속 불가능한 타이틀에 자신을 억지로 끼워 맞추고 있는 아만다는 그런 칭찬이 묘하게 달갑지 않다.

선을 그어주지 않아 상대방의 기대치를 높이는 '희생의 아이콘'은 부부 관계에서도 엿볼 수 있다. 일일이 알려주거나 챙겨주지 않으면 아무것도 못하는 남편이라고 툴툴거리면서도 아만다는 내심 '나 아니면 아무것도 안 돼'라며 자기 위안을 삼는다. 하지만 이런 행동은 결과적으로 육아와 가사에 대한 남편의 방관과 의존을 조장하기도 한다.

아만다의 양육 방식도 마찬가지다. 그녀는 빨리 해치우고 싶은 마음과 안쓰러운 마음에 자녀의 무리한 부탁을 거절하지 못하고 대신 문제를 해결해주려고 한다. '희생의 아이콘'인 부모는 아이의 마음이 유리알처럼 깨지기 쉽다고 믿는다. 따라서 아이의 요구를 거절했을 때 아이가 상처받거나 자신과 아이와의 관계가 나빠질까 봐 두려움을 느낀다. 아이의 사소한 좌절이나 실망을 지켜보는 것도 견딜 수 없기 때문에 늘 불안하고, '사랑하니까' 지나치게 걱정하고 간섭하는 부모가 되기 쉽다.

부모는 모든 것을 떠먹여주는 것을 희생이라고 생각하지만 결과적으로 이것은 자녀의 독립성을 인정하지 않고 자녀가 스스로 문제를 해결할 기회를 박탈하게 된다. 결국 가족은 누구보다 서로를 위해 희생하지만, 서로 너무 많은 것을 해주고 너무 많이 기대하며 또 실망한다. 그렇게 가장 가까운 거리에서 죄책감과 원망의 골이 깊어진다.

거절을 어려워하는 상훈과 아만다의 모습은 우리 자신의 모습과도 닮아 있다. 그렇다면 서로를 지키는 거절을 하기 위해서 거절을 어떻게 바라보는 것이 도움이 될까? 우리가 계속해서 거절을 부정적이고 두려운 시각으로 바라본다면 문제는 해결되지 않는다. 거절에 대한 새로운 시각은 우리가 거절할 때뿐만 아니라 거절당했을 때 상처받은 마음을 다루는 데도 도움이 된다.

우리는 모두
거절할 권리가 있다

누군가의 요청을 거절하는 것은 그 하나의 부탁을 거절하는 것이지 요청한 사람 자체를 거부하는 것이 아니다. 또 거절 자체가 무례한 것이 아니라 거절할 때의 잘못된 태도가 무례한 것이다. 내가 거절할 권리가 있다면 상대방도 마찬가지이며, 싫으면 싫다, 안 되면 안 된다고 말해야 상대방 또한 다음에 나의 부탁을 거절해야 할 경우 좀 더 솔직하게 표현할 수 있다. 그러면 다음번의 부탁과 거절이 서로 가벼워진다. 거절이 가벼워질 때 관계가 편해진다.

나 자신을 잘 보살필 때
다른 사람도 보살필 수 있다

영국 국립병원에서는 화재가 발생했을 때 꼭 따라야 할 지침이 있다. 아무리 환자의 생명을 먼저 생각하는 의사와 간호사라도 본인의 안전을 먼저 챙기고, 목숨이 위태롭지 않은 상황에서만 환자를 구조하라는 것이다. 심지어 불을 끄는 소방관의 경우에도 마찬가지다. 비상시에 비행기 안에서는 어떨까? 비행기가 이륙하기 전 안내 방송에서는 산소 농도가 떨어졌을 때 자녀를 동반한 부모의 경우 본인의 산소마스크를 먼저 착용하고 아이에게 마스크를 씌워

주라고 안내한다. 이것은 이기적인 행동일까? 아이들에게 먼저 마스크를 씌우다 산소 농도가 갑자기 떨어져 어른이 기절한다면 누가 그 아이들을 책임질 수 있을까? 각자 자신을 먼저 보살필 때 다른 사람도 보살필 수 있다. 이것은 전혀 이기적인 행동이 아니라 각자의 책임이다. 우리는 각자 자기 자신에 대한 책임을 먼저 다하기 위해 거절할 필요가 있다.

거절을 잘해야 관계가 오래간다

거절하기 힘들어하는 사람들이 빠지기 쉬운 생각 중의 하나는 거절하면 사람들이 상처받을 것이라고 믿는 것이다. 물론 상처받을 가능성도 있지만 자신의 감정은 결국 스스로 선택하고 책임지는 영역이기 때문에 우리가 타인의 마음을 제멋대로 예측해서 모두 통제하거나 책임질 수 없다.

거절을 어렵게 하는 또 다른 생각은 거절하면 상대가 상처를 받고 나에게 해를 끼치거나 관계가 멀어질지 모른다는 것이다. 하지만 관계의 속성은 움직이는 것이기 때문에 때때로 가까워졌다가 멀어지기도 하고 다시 가까워지기도 한다. 서로를 지키는 거절을 했을 때도 상대가 소통을 단절한다면 그 사람은 어차피 떠날 사람일지도 모른다. 또 상처를 줄까 봐, 혹은 사람을 잃을까 봐 거절하지 않으면 오히려 지쳐버린 내가 먼저 상처받아 상대를 내치게 될 수도 있다. 지금 잠깐 불편한 거절이 장기적으로는 건강한 관계를 지속하는 데 도움이 될 수 있다.

거절을 통해 과도한 책임감을 내려놓는다

거절을 못해서 너무 많은 짐을 떠맡다가 버거워서 도중에 포기해 버리면 상대방은 더욱 난처해질 수 있다. 책임지려 하다가 오히려 무책임한 사람이 되고 마는 것이다. 당장은 불편하더라도 적당한 선에서 미리 거절하여 상대방의 기대치를 조절하는 것이 결국 서로에 대한 배려와 책임이 될 수도 있다.

내가 통제할 수 없는 부분과 한계를 인정하는 것은 결코 실패가 아니다. 내가 짊어진 짐이 너무 무거우면 솔직하게 무겁다고 말하고 내려놓는다.

상훈의 사례를 살펴보면 그가 자신의 역할과 책임을 지나치게 경직된 방식으로 확대 해석하고 있다는 것을 발견할 수 있다. 우리는 모든 것을 동시에 다 해낼 수 없다. 하나를 선택하면 다른 것은 포기할 수밖에 없고 모든 것을 해내려고 한다면 결국 모든 것을 제대로 하지 못한다. 따라서 거절은 선택과 집중을 위한 필수적인 결단이다.

우리는 모든 사람에게 사랑받고 인정받을 수도 없다. 모든 사람의 기대에 부응해야 한다는 삶의 규칙은 불가능하거나 비현실적이며, 이를 따른다면 적지 않은 비용과 부작용이 발생한다. 그렇게 하면서까지 모든 기대를 충족시켜준다고 해서 기대만큼 모든 사람들이 인정해주거나 사랑해주는 것도 아니다. 아만다의 사례와 같이 그 결과는 오히려 우리에 대한 기대치를 더욱 높이는 역효과를 낳기도 한다.

거절은 기대치를 조절한다

백 번 잘하다가 한 번 못하면 비난을 받아도 백 번 못하다가 한 번 잘하면 칭찬을 받는 것은 기대치의 기본 값 때문이다. 전자는 나에 대한 기대치의 기본 값이 이미 높아진 상태이고 후자는 낮아진 상태이다. '호의를 지속하니 권리인 줄 안다'라는 말처럼, 거절을 못하고 계속 맞춰주기만 하면 사람들은 기대치를 점점 높이게 된다. 결국 내가 전부 해주기를 바라며 의존도가 높아지는 상황이 벌어지기도 한다. '여기까지'라는 선을 그어주는 것은 건강한 관계를 위한 소통의 기본이다. 서로 알려주어야 지킬 수 있다.

우리는 관계가 가까울수록 좋다고 생각하지만 아이러니하게도 관계는 '사이'라고 표현한다. 친구 사이, 연인 사이와 같이 건강한 관계는 사이를 둔다. 희생의 아이콘인 아만다의 사례를 통해 살펴볼 수 있듯이 가족 관계 내에서도 건강한 '사이'를 유지하기 위해서는 거절을 통해 적절한 선을 지켜줄 필요가 있다. 거절은 조금 답답하고 마음에 차지 않더라도 적절한 거리를 두고 지켜보면서 각자의 책임을 돌려주는 것이다.

그렇다면 이미 기대치가 한껏 높아진 상태에서 갑자기 거절을 하게 될 때, 상대방이 실망하거나 분노를 느낀다면 어떨까? 내가 변하는 데 시간이 걸리듯이 그들도 나에 대한 기대치를 다시 조절하는 데 시간이 걸린다. 결국은 겪어야 할 과정이며 지나가는 성장통과 같은 것이다.

오늘부터 시작하는 거절의 기술

그렇다면 따뜻하면서도 단호하게, 서로를 지키는 거절은 어떻게 하면 좋을까? 간결하고 확실한 '단도직입적인 거절'부터 최종적이고 강력한 '경고하기 거절'까지 상황과 상대에 따라 적절히 사용할 수 있는 8가지 거절의 기술을 하나씩 살펴보자.

첫째,
단도직입적인 거절

'하고 싶지 않아요', '내키지 않아요', '그건 안 되겠어요'처럼 명확하게 거절하는 기술이다. 단도직입적인 거절에서 중요한 점은 사과하는 말 없이 간결하게 거절한다는 것이다. 우리는 미리 예상

되는 공격에 자신을 보호하기 위해 '습관성 사과'를 하기 쉽다. 가령 '왜 이런 것도 못 들어줘? 너 이기적이다'와 같은 비난에 선제 방어막을 치는 행동이다. 여기서 '죄송한데요'와 '미안하지만' 같은 습관성 사과는 과감히 생략한다.

단도직입적인 거절은 단순하지만 그만큼 다소 강하게 느껴질 수도 있다. 하지만 수시로 선을 넘으려는 공격적 불도저형을 대할 때나 물건을 강매하려는 사람, 원치 않는 포교 활동을 하는 사람 등 길게 말할 필요 없이 확실한 거절이 필요할 때 효과적이다.

둘째,
공감하는 거절

이 기술은 상대방의 마음을 읽어주면서 거절하는 기술이다. '그랬구나. 하지만……' 같이 따뜻한 공감과 단호한 거절을 동시에 표현한다. 가령 소개팅을 하게 된 친구가 처음이라 긴장되고 떨린다며 더블 소개팅을 하자고 부탁하는 경우 "처음 하는 소개팅이라 떨리고 어색하겠구나. 이해는 하지만 더블 소개팅을 하는 건 내키지 않아" 하고 상대의 마음에 공감하면서 거절한다. 다만 이 경우 상대의 마음에 공감하는 데서 그치지 않고 섣불리 상대의 생각을 지레짐작하거나 해결책을 제시하지 않도록 주의한다.

셋째,
이유 있는 거절

'……때문에 할 수 없어'와 같이 거절할 수밖에 없는 이유를 간결하고 분명하게 말하는 것이다. 앞에서 말한 습관성 사과나 구구절절한 변명이 아니라 정말 거절해야 할 이유가 있을 때만 진정성 있게 전달한다. "내일까지 과제를 제출하느라 시간이 촉박해서 오늘 저녁은 같이 먹을 수가 없겠다."

넷째,
되묻는 거절

문제를 해결하기 위한 대안을 직접 제시하지 않고 상대방에게 공을 넘겨 '어떻게 하면 좋을까?'라는 열린 질문의 형태로 되묻는 거절이다. '어쩌지?', '어떻게 하는 게 좋겠어?'와 같이 당장은 거절하지만 나중에, 혹은 다른 방식으로는 가능하다는 여지를 남긴다. 가령 아만다가 부서진 장난감을 사러 가자고 떼를 쓰는 아들을 달래야 하는 상황이라면, "장난감이 부서져서 너무 속상하겠다. 당장 새로 사러 가고 싶겠지만 지금은 너무 늦어서 나갈 수가 없는데, 어쩌지? 레오는 어떻게 하고 싶어?"라며 아이의 의견을 물을 수 있다.

다섯째,
대안을 제시하는 거절

되묻는 거절과는 달리 문제 해결을 위한 대안을 직접 제시한다. '대신 이건 어때?'라고 대안을 제시하거나 '이것 아니면 저것은 어때?'라고 물어 선택지를 주는 방식이다. 우리가 수용할 수 있는 범위 내로 상대방이 선택할 수 있는 대안의 폭을 좁혀주거나 상대방이 해결 방법을 생각해내지 못할 때 대안의 '메뉴'를 제시하기 위해 활용한다. '그러면 이렇게 해'와 같이 답을 정해주는 것보다 몇 가지 대안을 제시하고 의견을 묻게 되면 상대방의 선택권을 존중할 수 있다.

대안을 제시하는 거절은 공감하는 거절이나 이유 있는 거절 다음에 덧붙여도 좋다. 아만다와 아들의 대화로 살펴보자.

"장난감이 부서져서 너무 속상하겠다. 당장 새로 사러 가고 싶은 마음은 엄마도 이해하지만 지금은 나갈 수 없어(공감의 거절). 지금은 늦은 시간이라 가게 문이 다 닫아서 나가더라도 살 수가 없거든(이유 있는 거절). 오늘은 푹 자고 내일 아침에 일어나자마자 엄마랑 장난감 가게에 가는 건 어때? 아니면 엄마가 지금 온라인으로 주문할까(대안을 제시하는 거절)?"

여섯째,
결정 미루기

상대가 무엇을 제안하거나 부탁하는 것인지 세부적인 정보가 부족할 때는 최선의 선택을 하기 힘들다. 더 자세히 알아보고 결정할 시간이 필요할 때는 결정 미루기를 한다. '생각해 보고 결정하겠습니다', 혹은 '다시 연락드리겠습니다'라는 표현으로, 지금이 아니면 안 된다며 당장 확답을 원하는 상대방의 요구를 거절하는 것이다. 결정 미루기는 거절이 불편해서 질질 끌며 답변을 회피하는 방식이 아니기 때문에 생각이 정리되면 곧 소통을 시작한다. '다음주 월요일까지 답변 드리겠습니다'와 같이 정확한 기한을 주는 것도 도움이 된다.

일곱째,
영국 콜센터식 거절

영국은 한국에 비해 일 처리가 다소 느린 편이다. 문제가 생겨 콜센터에 전화하면 흔히 듣는 말이 있다. "이런 문제가 생겨서 매우 유감입니다. 저희 회사는 고객 만족을 위해 최선을 다하고 있으며 문제 해결을 위해 노력하겠습니다." 30분 넘게 기다리며 분통 터지는 사람에게도 똑같은 말을 반복한다.

"그래서 최선을 다하는데 왜 아무것도 못해주고 계속 기다리게만 해요. 지금 이게 3번째 전화거든요!"

"이런 문제가 생겨서 매우 유감입니다. 저희 회사는 고객 만족을 위해 최선을 다하고 있으며 문제 해결을 위해 노력하겠습니다……."

영국 콜센터식 거절법은 같은 거절을 반복 재생하는 것이다. 반박하고 변명하거나 해결책을 제시하지 않고 그냥 같은 말을 반복한다. 이런 방식으로 상대방이 따지는 말에 꼬투리를 전혀 남기지 않는 고구마식 화법은 계속 말꼬리를 잡고 따지면서 공격하거나 위협하고 떼쓰는 사람들을 대할 때 유용하다. 이때 휘둘리지 않고 무게 중심을 지키려면 미리 준비된 '매뉴얼'대로 차분하게 대응하는 것이 도움이 된다. 영국 콜센터식 거절의 예를 살펴보자.

손님 이 화장품 당장 환불해주세요.

점원 구매한 지 한 달이 지났고 이미 사용하셨네요. 회사 규정상 환불해 드릴 수 없습니다.

손님 고객을 이런 식으로 응대하다니 기본이 안 된 사람이네. 당신 이름이 뭐예요?

점원 회사 규정상 제가 환불해 드릴 수는 없습니다.

손님 해결은 안 해주고 왜 똑같은 말만 반복해요? 매니저 불러요.

점원 회사 규정상 제가 환불해 드릴 수는 없습니다. 원하시면

매니저를 불러 드리고 고객 센터를 통해 해결할 수 있도록 연락처를 알려 드리겠습니다(대안을 제시하는 거절).

여덟째,
경고하기 거절

계속되는 요구와 공격이 선을 넘는다면 어떻게 할까? 이럴 때는 영국 콜센터식 거절을 경고하기 거절로 한 단계 업그레이드한다. '……한 결과가 따르게 되니 더 이상은 안 됩니다'와 같이 말하는 것이다. 경고하기 거절은 반복해서 거절했는데도 공격적인 요구가 계속되거나 반대로 요구가 전혀 받아들여지지 않을 때 최후의 수단으로 강력하게 대응하는 방식이다.

손님 해결은 안 해주고 왜 똑같은 말만 반복해요? 나 환불 받을 때까지 절대 못 나가요.

점원 회사 규정상 제가 환불해 드릴 수는 없습니다. 계속 이러시면 저도 어쩔 수 없이 보안팀을 부를 수밖에 없습니다.

경고하기 거절을 할 때는 주의할 점이 있다. 첫째, 표현하는 방식에 따라 협박이나 처벌과 같은 공격적 행동으로 보일 수 있기 때문에 2장을 참고하여 표정과 행동, 목소리 등 메시지를 전달하는 '태도'에 주의한다. 목소리는 큰 기복 없이 차분하게 유지하고 목소리가 갑자기 커지거나 빨라지지 않도록 유념한다. '저도 그러고 싶지 않지만', '저도 어쩔 수 없이' 대안을 강구할 수밖에 없다는 표현을 쓰는 것도 좋다.

둘째, 경고하기 거절은 최후의 수단이기 때문에 너무 자주 사용하지 않아야 한다. 자주 남발하는 경고는 그 효력을 잃게 된다.

셋째, 상대방의 압박이 계속되었을 때 부정적인 결과에 대해 과장이나 거짓 없이 명확히 말해주고 실질적인 강제력이나 효력이 있는 경고를 한다. 현실적이지 않은 과장된 경고는 공허한 협박이 되고 전달하고자 하는 메시지는 효력을 잃게 된다. 예를 들면 부모가 아이에게 '제대로 안 먹으면 앞으로는 절대 밥 안 차려줘'라든가, '숙제 안 할 거면 앞으로 학교 다니지 마. 책도 다 버릴 거야'라고 한다면 어차피 지키지도 못하고 지켜서도 안 되는 공허한 협박이 된다. 따라서 부모의 훈육은 권위와 효과를 상실하게 된다. 대신 '30분 내에 밥을 먹지 않으면 오늘 저녁 디저트는 없을 거야'라고 말하거나 '숙제를 안 하면 오늘은 텔레비전을 볼 수 없어'라고 즉각적이고 현실적인 결과에 대해 경고한 후 반드시 경고한 내용을 지킨다. 이런 방식으로 상대가 자신의 행동을 선택하고 그 결과에 대한 책임을 질 수 있도록 한다.

1. 거절이 어렵다면 체크리스트(186쪽)를 통해 어떤 생각이 거절을 방해하는지, 먼저 마음의 올가미를 점검해 보자. 그리고 건강한 소통 방식으로 거절하기 위해서는 거절을 어떻게 바라보는 것이 도움이 되는지 생각해 보자.

2. 따뜻하면서도 단호하게, 서로를 지키는 거절의 방법을 실천해 보자. 비교적 쉬운 단계부터 점차 어려운 단계로 나아가는 계단식 연습을 통해 자신감을 쌓아간다.

① 1단계: 거절 목록 만들기

언제 어디서 누구와 무엇을 하는 상황에서 하는 거절이 가장 쉬울까? 1장의 자기 돌봄에서 다룬 '위기 상황 체크리스트'를 통해 연습하고 싶은 거절의 상황을 가장 쉬운 거절부터 어려운 거절까지 난이도별로 10개의 목록으로 만들어 보자.

② 2단계: 첫 발 떼기와 반복 연습하기

거절이 어려워 휘둘리기 쉽다면 가장 실천하기 쉬운 거절부터 시작해 보자. 10개의 목록에서 난이도가 낮은 단계에서 시작하여 익숙해질 때까지 반복 연습한다. 이번 장에서 배운 8가지 건강한 거절법 중에서 상황에 따라 가장 효과적인 방식을 선택하여 집중 연습하는 것도 좋다.

누구나 처음은 어렵다. 거절도 마찬가지이며 처음 연습할 때는 불안과 걱정으로 포기하고 싶은 마음이 들 수도 있다 이때는 두려움에 휘말리기보다 마음 다이어리를 통해 자신의 걱정과 불안의 실체를 명료하게 바라보는 것이 도움이 된다.

첫 발을 떼기 위해 포기하지 말고 두려움을 극복하라는 말이나 자신을 믿고 꾸준하게 반복 연습하라는 말은 쉽게 할 수 있지만, 그 말을 행동으로 옮기고 계속 실천하기란 쉽지 않다. 용기와 인내심에도 기술이 필요하기 때문이다. 용기와 인내심의 기술에 대해서는 10장에서 더욱 자세히 배울 것이다.

7장

실망과 좌절에도 무너지지 않는 법

인생은 폭풍우가 지나가기를
기다리는 것이 아니라
빗속에서 춤을 추는 것이다.

비비안 그린

꽃길만 걸을 수 없는 것이 인생

우리는 살면서 늘 꽃길만 걷기를 바라지만 인생은 가시밭길을 지날 때도 있다. 내 마음대로 되지 않는 삶은 느닷없이 닥치는 가시밭길과 같지만, 언제 어디서 가시밭길이 나올지 모두 예측하고 대비하거나 가시밭길을 모두 꽃길로 만드는 것은 불가능하다. 아직 오지 않은 미래와 보이지 않는 사람의 마음속은 우리 삶에서 가장 불확실하다고 여겨지는 부분이다. 이러한 불확실함은 예상치 못한 가시밭길로 우리를 이끌기도 하고 두려움을 낳기도 한다. 특히 보이지 않는 서로의 마음 안에서 우리는 길을 잃고 휘둘리면서 관계의 어려움을 겪는다. 결국 내 마음대로 되지 않는 것투성이인 관계에서 우리는 상처를 받고 관계에 두려움을 느낀다.

믿었던 친구나 연인이 일방적으로 약속을 어겨 배신감을 느끼기도 하고, 친한 동료라 생각해서 나도 힘든 상황에 내 일처럼 도와줬는데 고마워하기는커녕 점점 당연하게 여기고 더 많은 것을 요구하는 경우도 있다. 내 마음 같지 않은 다양한 사람들이 모여 함께 일을 할 때도 그렇다. 계획대로 모든 일이 순조롭게 진행될 거라 기대했지만 내부 갈등뿐만 아니라 사고나 질병 등 예측하기 힘든 변수로 인해 갑자기 업무에 차질을 빚고 배가 산으로 가는 일이 생기기도 한다.

우리가 끝없이 펼쳐진 꽃길만 걸을 수 없다면, 진정 삶에서 바랄 수 있는 것은 무엇일까? 그것은 아마도 내 마음대로 되지 않는 불확실한 삶에 걸려 넘어지더라도 포기하지 않고 다시 일어날 수 있는 내면의 힘일 것이다. 오른팔에는 '실망에 대처하는 매뉴얼'을, 왼팔에는 '회복탄력성(resilience)'으로 마음 근육을 키울 때 내면의 힘은 자라난다.

내면의 힘을 키우기 위해 7장에서는 먼저 삶의 가시밭길에 넘어져 실망과 좌절을 느꼈을 때 대처할 수 있는 '매뉴얼'을 배울 것이다. 바로 이 매뉴얼을 가지고 '적당량의 시련'을 단계적으로 극복할 때 우리는 다시 일어서는 회복탄력성을 키울 수 있다. 이렇게 성장한 내면의 힘은 가시밭길을 가면서도 마음 한켠에 스스로 꽃 한 송이를 피울 줄 아는 자기 돌봄과 희망이 된다.

실망이
좌절과 절망이 되지 않도록

살면서 한 번도 실망하거나 상심해 보지 않은 사람이 있을까? 만약 그런 사람이 있다면 비정상적으로 운이 좋거나 뇌기능의 일부가 작동하지 않는 경우일 것이다. 실망은 기대했던 것과 달리 부정적인 '상황'이라고 '생각'했을 때 느끼는 '감정'이다. 노력한 만큼 성과를 얻지 못하거나 거절을 당했을 때, 또 누군가 어떤 역할에 따른 책임이나 약속을 다하지 못했을 때, 우리는 '응당 그럴 것이고 그러해야 한다'는 믿음이 깨진다. 이때 느끼는 감정이 실망이고, 실망이 깊어지면 좌절이나 절망이 되기도 한다.

우리는 실망감을 느꼈을 때 그 원인을 찾기 위해 '나의 기대를 깨뜨린 사람은 누구인가?'를 먼저 묻는다. 그리고 자신을 탓하거나 다른 사람을 탓하게 된다. 수동적 연두부형은 자신을 탓하면서 자기 비하에 빠지고, 남을 탓하면서 그 사람과 관계를 포기해 버리며, 세상을 탓하면서 자기 연민이나 피해 의식에 빠져 안으로 숨는다.

작은 실패에도 실망이 절망이 되기 때문에 이러한 상황을 처음부터 회피하기도 한다. 작은 가시에 찔려도 주저앉게 되면 언제 어디서 가시밭길이 나올지 몰라 늘 촉각을 곤두세우며 예민해지고, 갈림길에 다다를 때는 어디로 갈지 결정하기 힘들어진다. 실패가 두렵기 때문에 도전하지 않고 쉽게 포기하거나, 관계를 맺을 때는 애초에 기대를 놓아버린다. 기대하지 않으면 실망하지 않기 때문이다.

반면 공격적 불도저형의 경우에는 실망을 다루는 과정에서 타인을 공격하면서 처벌하고 통제하려고 한다. 기대를 저버린 사람은 '응당 그러해야 한다'는 불도저형의 규칙을 어긴 '규칙 위반자'이며 불편한 감정을 초래한 '감정 가해자'가 된다. 불도저형에게도 실망은 다루기 힘든 감정이기 때문에 자신이 '당한' 실망의 아픔만큼 갚아주어야 한다고 믿거나 아무리 갚아줘도 자신의 아픔이 훨씬 크다고 생각하면서 공격을 정당화하기도 한다.

이렇게 마음대로 되는 것 하나 없는 삶에서 자기 효능감이 떨어질 때 우리는 자신을 공격하는 수동적 태도나 타인을 공격하는 공격적 태도로 실망을 다루게 된다. 하지만 실망의 실체를 제대로 들여다보고 건강한 방식으로 처리하기 위해서는 '누가 나의 기대를 깨뜨렸는가?'를 생각하기 전에 '그 기대는 누구의 것인가?'라는 질문을 먼저 할 필요가 있다.

실망은 반응하지 않고 대응하는 것

"친구란 언제나 나의 모든 것을 이해해주는 사람이에요."

상담실을 찾은 엠마는 친구를 이렇게 정의한다. 친구에 대해 이야기할 때 엠마의 신념은 '언제나'와 '모든'이라는 말이 빠지지 않는다. '친구란 이런 것이다'라는 신념은 이제 '친구는 응당 이러해야 한다'라고 믿는 삶의 규칙이 된다. 그리고 이 규칙을 당연히 지킬 것이라는 기대를 갖게 된다.

"친구라면 언제나 나의 모든 것을 이해해야 돼요. 저 또한 마찬가지구요." 이러한 규칙이 지나치게 경직되면 친구에 대한 역할과 책임에 대한 기대가 실현 불가능하거나 지속 불가능해진다. 이때 실망의 싹은 이미 뿌리를 내리기 시작한다.

실망하고 상처받기 쉬운 마음의 올가미

최근 엠마는 20년 단짝 친구 레베카에게 완전히 실망하고 말았다. 출산 후 육아휴직 중인 레베카는 요즘 들어 부쩍 연락이 뜸해졌다. 자기가 보낸 메시지를 읽은 것 같은데 며칠 후에나 답장을 하는가 하면 만나자고 해도 시간이 없다고 한다. 하지만 레베카의 인스타그램은 또래 아기 엄마들과 함께 찍은 사진들로 가득하다. 어쩌다 만나기라도 하면 관심사는 온통 육아뿐이다. 서로 많은 관심사를 공유하던 친구가 유모차를 끌고 나타나 수면 교육과 모유 수유 이야기만 하니 낯설기만 하다.

'이런 것도 이해해주지 못하다니, 나는 제대로 된 친구가 맞을까? 친구라면 모든 것을 이해해야 하는데.'

친구의 새로운 관심사에 공감하기 힘든 상황에 엠마는 먼저 자기 자신에게 실망했다. 그녀는 자기 공격적인 생각과 자신에 대한 실망감이 큰 나머지 변해버린 레베카의 태도에 씁쓸하고 섭섭한 마음이 들면서도 꾹꾹 눌러 참았다. 늘 엠마가 먼저 연락해서 만나자고 했고 아이 엄마가 된 친구의 편의를 봐주기 위해 시간과 장소를 맞춰주었지만 이내 인내심의 한계를 느꼈고 섭섭한 마음은 점차 커져갔다.

아슬아슬한 상태로 이어지던 두 사람의 우정은 어느 날 엠마가 남자 친구 문제로 하소연하면서 결국 폭발하고 말았다.

"언제까지 사소한 일로 다투면서 만났다 헤어졌다 할 거야? 너도 이제 나이가 있는데 진득하게 만나봐."

레베카는 조언이라고 했지만, 엠마에게는 핀잔으로 들렸다. 지금까지 자기는 계속 참고 배려했다고 믿었는데, 이렇게 공격하는 말을 하니 불쑥 화가 치솟았다, 그래서 엠마는 괜찮은 척 자기 방어를 하며 경력 단절에 대해 불안해하는 레베카의 역린을 건드린다.

"나는 아직 커리어에 집중하고 싶어서. 최근에 더 큰 회사로 이직해서 한창 일하고 있는데 연애와 결혼에 발목 잡히고 싶지 않아."

그때 칭얼거리던 레베카의 아기가 울음을 터뜨리고 레베카는 황급히 아기를 안고 화장실로 달려간다. 순간적으로 화를 참지 못해 레베카의 아픈 곳을 찔러 버렸지만 엠마 역시 마음이 편치 않다. 레베카가 상처를 받지 않았을까 걱정도 되고, 자신을 이해해주는 영원한 단짝 친구를 잃은 것 같다는 무서운 생각이 든다. 대화가 자꾸 어긋나는 느낌은 칭얼거리는 아기를 달래느라 대화가 끊겨서 그런 것만은 아닌 것 같았다.

'내가 뭘 잘못한 걸까? 내가 항상 더 참고 배려했는데. 이런 관계는 이제 필요 없어.' 외로운 밤 엠마는 실망과 상실감, 분노와 원망이 뒤섞인 감정의 칵테일을 홀로 들이킨다. 마음의 뿌리가 단단하게 엠마를 옭아맨다. '결국 친구란 것도 아무 의미 없는 거야. 어

차피 난 혼자니까……'

과연 엠마는 어떤 마음의 올가미에 걸려든 걸까? 실망하고 상처받기 쉬운 마음의 올가미에는 어떤 것들이 있는지 체크리스트를 통해 점검해 보자.

- ☐ (가까운 사이에서는) 일일이 말하지 않아도 당연히 먼저 알고 챙겨줘야 한다.
- ☐ 실망은 나쁜 감정이다.
- ☐ 나는 절대 실망하면 안 된다. 실망은 내가 예민하고 나약하다는 뜻이다.
- ☐ 실망을 표현하면 안 된다. 남에게 상처 주는 행동이기 때문이다. 혹은 내 약점을 드러내는 것이다.
- ☐ 실망은 이겨내기 힘든 상처다. 나는(내 아이는/사람들은) 실망을 견디지 못한다.
- ☐ 실망하지 않으려면 기대를 완전히 버려야 한다. 혹은 내 뜻을 밀어붙여야 한다.
- ☐ 모든 기대에 부응해야 한다. 그러지 않으면 무책임하거나 무능력한 사람이다.
- ☐ 실망시키는 사람은 ……이다('무책임한 사람' 등). 나를 실망시키는 세상은 ……이다('불공평한 세상' 등).

□ 내가 기대하는 규칙과 기준이 보편적인 상식이다. 사람들은 나의 규칙과 기대에 따라야 한다. 그것을 깨뜨리는 것은 공격이고 위협이다.

□ 내가 기대하는 대로 되어야 한다. 그렇지 않은 불확실한 세상과 타인의 마음은 위험하다.

□ 관계는 주는 만큼 정확히 받는 것이다.

□ 나의(너의) 역할은 ……이고(연인/친구/딸/아들/며느리/사위/부모/아내/남편/가장/동료 등), 항상 ……해야만 한다.

엠마는 친구의 역할과 책임에 대해 과도하고 경직된 기대를 하고 있다. 현재 엠마와 레베카의 상황은 20년 전과 비교해서 완전히 달라졌지만 엠마는 여전히 같은 기대를 하며 실망한다.

가족 관계는 어떨까? 가령 부모가 '내가 너를 어떻게(희생하며) 키웠는데…… 너는 나를 실망시키면 안 된다'라고 하거나 '가족끼리 이 정도는 해줘야지'라고 하는 말도 마찬가지다. 이런 말은 '가까운 사이니까, 혹은 희생했으니까, 당연히 보답을 받아야 한다'라는 자신의 규칙을 상대가 당연히 따라야 한다는 기대를 했고, 이런 기대가 배신당했다는 생각이 밑바탕에 깔려 있다. 하지만 과연 이 기대는 누구의 것일까? 그것은 나의 기대이지 서로가 공유하는 기대가 아니다. 사랑도 기대도 변한다. 혼자 기대하고 혼자 실망하지 않으려면 달라진 상황에서 유연하게 관계를 다시 돌아보고 서로의 기대치를 재설정하는 과정이 필요하다. 그렇게 나만의 기대는 우리의 기대가 된다.

다른 각도에서 실망을 바라보면

삶이 뜻대로 되지 않을 때, 실망에도 무너지지 않고 마음의 꽃 한 송이를 피우기 위해서는 실망을 바라보는 균형 있는 시각이 필요하다. 나 역시 불공정한 것 같은 상황에서 실망과 좌절감을 겪었던 일화가 있다. 자격증을 취득하기 위해 인지행동 심리치료사 석사과정에 합격했을 때의 일이었다. 근무를 하는 동시에 학업도 함께 병행할 계획이었기 때문에 직장 상사는 업무에 지장이 될 거라며 반대하는 상황이었다. 반면 같은 시기에 같은 과정을 지원하는 같은 직급의 동료에게는 많은 혜택이 주어졌다. 수업을 듣기 위해 근무 시간을 단축해주고 임상 실습을 위한 실습장을 계약해주는가 하면 학업 지원금까지 지급해주는 등 나의 상황과 확연히 대비되는 그의 앞길은 꽃길처럼 보였다. 공정할 거라고 믿었던 세상에 대한 기대가 깨지고 다른 사람들은 쉽게만 풀리는 것 같을 때 분노와 절망에 휩싸인다.

인사팀에 항의하여 끝까지 싸우고 싶었지만 어쨌든 소통의 끈을 놓지 않고 학업을 시작하는 편이 나을 것 같았다. 그래서 차별에 대한 투쟁 대신 직속 상사와 그녀의 상사인 총책임자를 설득하기 시작했다. 수업하는 날의 업무 공백을 메우기 위해 연장 근무를 하기로 했고, 실습장 지원이나 지원금도 받을 수 없는 조건이었지만 결국 승낙을 받았다.

하지만 최고의 난제는 임상 실습을 위한 실습장과 실습 지도자를 찾는 것이었다. 누구도 미숙한 학생을 받아 일을 시키고 가르치는 무료 봉사를 하고 싶어 하지 않았기 때문이다. 50군데 넘게 지원했지만 계속 거절당하기만 했다. 하지만 끈질긴 설득으로 마침내 임상 실습장과 실습 지도자를 구할 수 있었고 결국 무사히 학업을 마칠 수 있었다.

이 일화는 불공정에 대한 실망과 좌절을 무조건 참으라는 이야기가 아니다. 때로는 싸워서 최소한이라도 지켜내야 하는 막다른 길에 내몰리는 경우도 있다. 하지만 이런 극단적인 상황이 아니라면, 분노에 소진되는 것보다 가장 중요한 가치가 무엇인지 우선순위를 정하고 지금 당장 할 수 있는 일에 집중하는 것이 나 자신을 위한 최선의 선택이라는 것을 배웠다. 지금 실망하고 좌절한다고 해서 삶이 완전히 망가지거나 패배하는 것은 아니다.

또 운 좋게 지금 꽃길을 걷는 사람이 있다고 해도 그 길은 어차피 내가 갈 길이 아니므로 비교할 필요가 없다. 나는 동료가 자신의 꽃길을 위해 얼마나 오랫동안 물을 주고 길을 다듬어 왔는지 숨은 속사정을 알지 못한다. 되돌아보면 당시 그의 근무 경력은 나보다 오래 되었기 때문에 회사에 기여도가 나보다 높았을 것이다. 또한 나의 직속 상사는 최종 결정권이 없었으며 그것은 총책임자의 권한이었다. 비록 동료와 나의 직급은 같았지만 부서의 구조상 총책임자가 그의 직속 상사였고, 총책임자는 그의 업무를 직접 눈여겨보았기 때문에 그러한 혜택을 줄 수 있었을 것이다. 전체적인 문맥을 고려하여 따져 보면 차별로만 보였던 상황에서도 이해와 수용의 길이 열린다.

그렇다면 실망을 어떻게 바라보는 것이 우리 자신에게 도움이 될까?

* 거절에 실망했다면, 상대에게 거절할 권리가 있고 동시에 우리도 그에 대한 실망감을 표현할 권리가 있음을 기억한다.
* 실망은 틀린 감정이 아니라 마음의 신호이다. 그것은 우선 우리의 기대가 너무 높거나 경직되어 있지 않은지 점검해 보라는 신호이다. 또한 기대치가 적절했다 하더라도 이에 부응하지 않거나 부응하지 못하는 배경이 있는지 재점검해 보라는 신호가 된다.

* 실망이라는 감정 자체가 문제가 아니라 실망을 다루는 방식이 문제를 키울 수 있다.
* 기대한 대로 되지 않았던 상황은 시행착오를 통한 배움의 기회가 될 수 있다.
* 지금 기대한 결과가 나오지 않았더라도 자신이나 삶 전체가 망가진 것은 아니다. 바로 가지 못하면 돌아가면 된다.
* 거절이나 실패를 겪고 실망했다 해도 우리에게는 여전히 선택지가 있다. 《빅터 프랭클의 죽음의 수용소에서》를 보면 죽음을 기다리는 것 말고는 다른 선택지가 없는 아우슈비츠 수용소에서도 매일 면도를 하는 사람의 이야기가 나온다. 언제 죽을지도 모르는 그는 왜 면도를 하는 것일까? 아무것도 할 수 없는 무기력하고 절망적인 상황에서도 자신을 돌보는 매일의 의식을 통해 적극적으로 인간적 존엄성을 택하는 그의 삶은 우리가 삶을 결정할 수 있는 또 하나의 선택지를 만들어낼 수 있다는 것을 말해준다.
* 운 좋게 지금 꽃길을 걷는 사람이 있다고 해도 그 길은 어차피 내 길이 아니다. 나는 누가 대신해주지 못하는 나의 길을 가는 것이다.
* '누구 때문에'가 아니라 '무엇을 어떻게 해결할까'에 먼저 집중한다. 지금 가장 중요한 것과 지금 할 수 있는 것을 생각한다.

* 삶과 사람들은 내 뜻대로 되지 않는다. 때로는 불리하거나 원하지 않는 방향으로 갈 때도 있다. 내 마음조차 내 마음대로 되지 않을 때가 많은데, 다른 사람의 마음과 세상을 통제하려고 한다면 불안과 좌절감에 취약해진다.
* 나의 기대는 나의 것이다. 혼자 과도한 기대를 가지는 것은 실망의 뿌리에 물을 주는 것과 같다. 나만의 기대가 아니라 우리의 기대가 되기 위해서는 건강한 소통이 필요하다.
* 변하지 않는 관계는 없다. 상황은 계속 변하기 때문에 그에 맞게 관계와 역할 또한 변한다. 서로에 대한 기대 또한 유연하게 조절할 필요가 있다.
* 내가 타인의 기대를 모두 맞추어줄 수 없는 것처럼 상대방도 내 기대를 모두 맞추어줄 수 없다. 이러한 기대는 비현실적이고 서로를 힘들게 한다.
* 사람들은 독심술사가 아니다. 아무리 가까운 사이라고 해도 서로의 기대를 '눈빛만 봐도' 알아채고 맞추어줄 수는 없다. 그것은 지레짐작일 뿐이다. 기대가 있다면 표현하고 실망했다면 표현한다.
* 사람들은 각자 관계를 다른 방식으로 정의하고 다른 기대를 가지기도 한다. 나의 기준이 항상 보편적인 상식일 수는 없기 때문에 소통할 필요가 있다.

실망에 휘둘리지 않는 방법

"언제까지 사소한 일로 다투면서 만났다 헤어졌다 할 거야? 너도 이제 나이가 있는데 진득하게 만나봐." 그동안 섭섭한 감정이 쌓였지만 엠마의 감정 버튼을 눌렀던 결정적인 순간은 레베카의 이 한마디였다. 씁쓸한 마음으로 돌아온 엠마는 이 일이 머리에서 떠나질 않는다.

'오랜만에 만나 반가울 줄 알았는데 더 이상 예전 같지 않아. 우리 우정은 변치 않을 거라 믿었는데 계속 어긋나기만 하고…… 레베카는 완전히 변했어. 새로 사귄 엄마들은 잘도 만나면서 20년 친구인 나한테는 시간이 없다니, 내가 뭘 잘못한 걸까? 너무 맞춰주니까 만만해서 그런 걸까, 아니면 제대로 하는 게 없는 내가 한심해서 그런 걸까? 난 이제 친구도 아니고 중요하지도 않은 걸까? 내가 늘 배려하고 맞춰줬는데, 그 애는 너무 이기적인 것 같아. 혹시 일하는 내가 질투 나서 그러는 걸까?'

여기까지 생각이 흐르자 굳게 믿어왔던 둘 사이의 우정에 대한 믿음 자체가 흔들리기 시작한다. 친구라면 응당 이러해야 한다고 믿던 규칙이 무너지자 자기 잘못인가 싶어 괴롭다가 결국 규칙을 어기고 실망을 안긴 친구에 대한 원망이 샘솟는다.

'20년 우정도 소용없어. 더 상처받기 전에 손절해야겠어.' 결국 엠마는 마음속으로 조용한 절교를 선언한다. 하지만 완전히 관계를 끊어버리는 대신 친구에게 섭섭한 감정을 표현하고 대화를 통해 서로의 기대를 조절할 수는 없을까? 만약 그렇게 한다면 어떻게 표현하는 것이 좋을까?

실망을 표현하기 위한 첫 번째 단계는 4장의 마음 다이어리를 바탕으로 자신을 괴롭히는 생각과 감정을 먼저 읽어주는 것이다. 자신의 마음을 들여다보면 실망하게 된 상황 자체뿐만 아니라 그 상황을 해석하는 방식이 마음을 더욱 괴롭게 한다는 것을 관찰할 수 있다. 우리는 상황이 주는 고통만큼만 괴로워해도 되지만 대부분 그보다 더 큰 괴로움을 겪는다.

두 번째 단계는 이렇게 정리된 자신의 생각과 감정에 덧붙여 무엇을 원하는지, 자신이 주어가 되는 문장으로 표현하는 것이다. 이때 '이런 것까지 일일이 알려줘야 해? 알아서 해주면 안 돼?'라는 생각을 하기 쉽지만 무엇을 원하는지 말로 표현하는 것은 중요하다. 우리는 서로가 무엇을 원하는지 잘 알고 있다고 지레짐작할 뿐, 실은 정확히 알지 못한다는 것을 기억할 필요가 있다. 또 자신의 요구가 거절당하거나 감정이 부정당할까 봐 걱정하고 두려워 표현하지 못하는 경우라면 표현하지 않고 쌓아두었을 때의 부작용이 더 클 수 있다는 것을 되새길 필요가 있다.

자신의 마음을 표현할 때 특히 감정 표현에 초점을 맞추고 싶다면 '섭섭해, 이렇게 해줘' 같이 간결하게 감정과 요구를 전달하거나 '이런 상황이 벌어져서 섭섭해, 이렇게 해줘' 같이 결과, 감정, 요구를 담는다(5장 참고). 가령 다음과 같다.

"너한테까지 그런 말을 들으니까 너무 속상해. 너라도 내 편 좀 들어줘."

"다른 엄마들은 만나면서 나는 통 보기 힘드니까 섭섭해. 나도 좀 보자."

"너도 경황이 없는 건 이해하지만 섭섭한 감정도 들어."

실망감을 느꼈을 때 서둘러 반응하지 않고 대응을 선택하기 위해서는 자신의 마음을 먼저 읽어주고 상대방에게 표현한다. 속에서 곪아 터질 때까지 감정을 쌓아두는 것보다 감정 언어로 표현하며 해소하는 것이 관계를 건강하게 유지할 수 있는 소통 방식이다.

나만의 기대가 아닌 우리의 기대가 될 수 있도록

너무 많은 것을 주고 너무 많이 기대해서 또 너무 많이 상처 받는다면, 그 기대는 우리의 기대가 아닌 혼자만의 기대일지도 모른다. 이때는 서로가 무엇을 원하고 책임질 수 있는지 파악하고 조절하는 과정이 필요하다. 관계에서 받은 상처를 관계를 통해 회복하려면 혼자만의 기대가 아닌 함께 하는 기대가 되어야 한다. 자신의 기대를 강요하거나 기대를 버리는 것이 아니라, 기대는 조절하는 것이다. 그렇다면 서로의 기대와 책임에 대해 건강하게 소통하고 조절하는 방법을 배워 보자.

1단계:
관계 정의하고 역할 설정하기

1단계에서는 먼저 관계를 정의하고 각자의 역할을 설정한다. 우리는 다양한 관계를 맺고 살아가고, 그 관계에 대해 나름의 정의를 갖고 상대를 대한다. 하지만 그 정의가 늘 일치하지는 않는다. 가령 데이트를 하는 두 사람의 경우 한쪽은 확실한 연인 관계라고 생각하는 반면 다른 한쪽은 아직 '썸'을 타는 관계, 혹은 가볍게 만나는 사이라고 생각하기도 한다. 이렇게 시작부터 어긋나는 관계가 생각보다 많다. 관계를 정의하고 서로가 맡을 역할을 설정하는 것은 서로 기대할 수 있고 그 기대에 대해 책임질 수 있다는 약속이다.

흥미롭게도 아이들의 소꿉놀이조차 각자의 역할은 무엇인지 사전 협의와 조율을 거친다. 하지만 정작 우리는 이 단계를 건너뛰거나 명확하게 하지 않는 경우가 많다. 그러면 '우리는 어떤 사이야? 나는 너에게, 너는 나에게 뭘까?' 같은 질문에 명료한 대답을 하지 못하게 된다. 실망을 크게 느낀 관계가 있다면 서로의 관계를 정의하고 역할을 다시 설정하기 위해 대화를 나누어 본다. 관계와 역할에 대해 각자 다른 생각을 가지고 있거나 모호하다면 소통을 통해서 명확히 해둔다. 이를 통해 의견을 모아 둘만의 정의를 공유할 수도 있고 의견을 좁힌 후 일정 기간을 두고 지켜보거나 서로의 입장 차이를 확인하는 기회를 가질 수도 있다.

2단계:
기대와 책임 설정하기

관계를 정의하고 서로의 역할을 설정했으면 기대와 책임에 대한 목록을 작성해 본다. 어느 정도의 기대와 책임도 없는 관계는 한없이 가벼워진다. 서로 원하는 것도 없고 서로를 위해 해야 할 것도 없다. 꽃길만 걷겠다는 가벼운 관계는 유쾌한 헬륨 풍선처럼 둥둥 뜨지만 잠시라도 손을 놓으면 날아가 버리고 만다. 관계에는 적당한 무게와 적당한 거리가 필요하다. 그 '적당함'은 시시각각 변하는 상황에 맞는 균형의 지점이고, 그 지점을 찾기 위해서 늘 소통하려는 태도가 필요하다.

'우리는 연인 사이야' 혹은 '우리는 가족이지'라고 한 목소리로 말하면서도 서로에게 무엇을 원하고 어떤 책임이 있다고 생각하는지에 대한 질문에는 놀랍게도 각자 다른 목소리를 낸다. 한쪽은 '가족인데 이 정도는 해야지'라고 기대하지만 다른 쪽은 '아무리 가족이라도 이 정도의 책임은 없다'라고 믿기도 한다. 한쪽은 연인이면 서로 어떤 비밀도 없이 모든 것을 공개할 수 있어야 한다고 기대하지만 다른 쪽은 연인이어도 서로 사적인 영역을 존중할 책임이 있다고 생각한다.

나 자신과 상대에게 '응당 그러할 것이고 그러해야 한다'고 믿는 것은 무엇인지 목록으로 작성해 보자. 각 항목은 구체적일수록 좋다. 다음 예시는 엠마의 목록이다.

* **관계와 역할** 20년 절친 관계(매우 돈독하고 동등한 관계), 믿음직한 친구의 역할
* **규칙과 기대**

ㄴ친구 사이에는 비밀이 없어야 하고 모든 것을 터놓고 말할 수 있어야 한다.

ㄴ친구란 언제나 모든 것을 이해하고 공감해줘야 한다.

ㄴ우리의 우정은 변함없어야 한다.

ㄴ절친 사이라면 굳이 말하지 않아도 마음을 알아줘야 한다.

ㄴ다른 사람보다 먼저 달려가 챙겨줘야 한다.

ㄴ가족을 제외한 다른 사람보다는 자주 만나야 한다.

ㄴ나를 제외하고 다른 친구들과 비밀을 공유하지 않았으면 좋겠다.

ㄴ친구들을 만날 때는 항상 내가 빠지지 않았으면 좋겠다.

ㄴ적어도 한 달에 한 번은 만나고 일주일에 한 번은 연락해야 한다.

ㄴ보낸 메시지를 당일에는 읽고, 읽으면 바로 답장을 해야 한다.

ㄴ서로의 생일 등 기념일을 잊지 않고 챙겨줘야 한다.

3단계:
서로의 기대와 책임 조절하기

기대와 책임에 대한 목록을 작성했다면 3단계에서는 우리의 기대가 너무 높거나 경직되어 있지는 않은지, 그렇지 않다면 상대방이 기대를 맞추고 싶어 하지 않거나 맞출 수 없는 상황은 아닌지 점검하고 기대를 조절한다. 그렇다면 각 항목에 대해 다음의 4가지 질문을 던져 보자. 이 4가지 질문은 마치 나의 양팔과 상대의 양팔이 서로 단단하게 맞잡고 있는 것처럼 '관계를 잡아주는 4개의 팔(ARMS)'과 같은 역할을 한다.

❶ 실현 가능한 것일까(Achievable)

❷ 실현시킬 충분한 자원이 있을까(Resourced)

❸ 서로 동의한 걸까(Mutually Agreed)

❹ 얼마나 구체적인가(Specific)

① 나의 오른팔: 이 기대는 실현 가능한 것일까

엠마와 레베카가 처한 상황을 고려할 때 '친구 사이에는 비밀이 없어야 하고 모든 것을 이해하고 공감해줘야 한다'는 기대는 실현하기 힘든 기대일 수도 있다. 어른이 되어 우리는 각자의 길을 가게 되면서 공유하고 공감할 수 있는 교집합이 커지기도 하고 작아지기도 한다. 또 학교에서 긴 시간을 함께 보내는 사춘기 아이들이 공유하는 비밀과는 달리 이해관계가 복잡한 어른의 삶에서는 가까운 친구 사이에서도 말할 수 없고 말하고 싶지 않는 부분이 생기기도 한다. 지금 모든 것을 말할 수 없거나 이해하지 못한다고 해서 친구 관계가 완전히 깨져 버리는 것은 아니다. 관계의 거리는 서로 다른 삶의 주기를 거치며 가까워졌다 멀어졌다 하면서도 계속 이어지곤 한다. 그렇다면 지금 상황에서 실현 가능한 기대는 무엇인지 함께 생각해 보자.

② 나의 왼팔: 이 기대를 실현시킬 충분한 자원이 있을까

다음으로 서로의 기대를 충족시킬 충분한 자원이 있는지 생각해 보자. 이러한 자원은 돈과 시간뿐만 아니라 인맥, 심리적 여유, 체력, 지식과 경험, 모두를 말한다. 엠마는 친구의 일이라면 다른 건 제쳐두고 먼저 달려가야 한다고 생각하지만 완전히 달라진 레베카의 삶에서 최우선 순위는 가정과 아기가 되었다. 따라서 친구를 먼저 챙겨줄 체력이나 시간, 마음의 여유가 줄어든 상황이다. 상황이 변했다면 그에 따른 개인의 자원에도 변화가 오기 때문에 같은 수준의 기대를 만족시키기 힘들다. 이때 서로가 기대를 충족시킬 수 있는 자원이 충분히 있는지 점검하고 솔직하게 표현하는 것이 도움이 된다.

레베카의 경우, 짜증 섞인 말로 지적하고 조언하는 것보다 "요새 아이를 보느라 잠을 거의 못 자고 밥도 제대로 못 먹어서 짜증이 늘었어. 육아 정보를 나누는 엄마 모임 외에는 따로 시간을 내기 힘들고 내 마음의 여유가 없는 상황이야"라고 솔직하게 자신의 마음을 표현하는 것이 낫다. 엠마 또한 레베카의 아픈 곳을 건드리며 반격하기보다 "나는 우리가 계속 단짝으로 지내길 바라고 있어. 네 상황이 머리로는 이해가 되는데 섭섭한 마음도 들어. 내가 아직 엄마가 되어 본 적이 없어서 완전히 이해하기는 힘든 것 같아"와 같이 자신의 마음을 충분히 표현할 수 있다.

친구 관계뿐만 아니라 부모, 연인, 직장 동료 등 다른 관계에서도 마찬가지다. 가령 유행하는 비싼 패딩을 사달라는 아이에게 부모가 그럴 만한 금전적인 여유가 없다고 분명하게 말해주는 것은 전혀 죄책감이 들거나 부끄러운 일이 아니다. 서로 건강한 관계를 이어가기 위해서는 기대를 조절해주는 것이 필요하다.

③ 너의 오른팔: 이 기대에 서로 동의한 걸까

세 번째 질문은 나의 기대가 서로 동의한 것인지 점검하는 것이다. 혹시 상대방의 생각과 관계없이 일방적으로 기대하고 실망한 건 아닐까? 우리는 원하는 것을 알려주지도 않고 내심 기대하고 실망할 때가 있다. 또 상대가 나의 요구에 동의한 적이 없는데도 기대했다가 실망하는 일이 있다. 가까운 사이는 눈빛만 봐도 알아야 한다고 생각하거나 혹은 우리 사이에는 당연한 것이라고 믿기 때문이다. 반대로 나는 동의한 적 없는데 다른 사람이 나에게 일방적으로 기대하고 섭섭해하거나 실망감을 드러내는 일 역시 종종 겪는 일이다. 이처럼 동의하지 않은 기대는 흔하게 일어난다.

상담실을 어렵게 찾은 민성은 아직도 화를 참기 힘들다. 여자 친구가 말도 없이 남자 동창과 만났다는 사실이 불쾌했다. '사귀는 사람이 있다면 다른 이성 친구를 만나서는 안 된다. 만나서 떳떳하다면 미리 말해서 동의를 구해야 하고 숨기지 않아야 한다'라는 연인 관계의 규칙을 위반했기 때문이다. 반면 여자 친구는 남자 동창과 대낮에 커피 정도는 괜찮다고 믿고 남자 친구에게 굳이 말할 필요가 없는 사소한 일이기 때문에 말하지 않았다고 한다. 오히려 그만한 일에 화를 낼 줄 몰랐다고, 이해할 수 없다며 반격한다.

이런 문제는 서로에게 무엇을 원하고 어떤 책임이 있는지에 대해 사전에 조율하고 동의를 구하는 과정이 생략되었기 때문이다. 이런 식의 '말하지 않아도 알아야 한다', '이 정도는 당연한 것이다'라는 착각은 관계에 독이 될 수 있다. 우리는 말하지 않으면 모른다. 자신의 규칙을 상대가 당연히 알고 따를 것이라고 기대하기보다 정확하게 자신이 무엇을 원하는지 알려주고 동의를 구하거나 타협하는 과정이 필요하다.

④ 너의 왼팔: 이 기대는 얼마나 구체적인가

마지막 질문은 서로의 기대가 얼마나 구체적인가 하는 점이다. 우리는 서로에게 무엇을 바라는지 구체적인 이야기를 나누지 않는 경우가 많다. '있는 그대로 나를 사랑해야 한다'라든지, '서로 사이좋게 지내야 한다'라고 두루뭉술하게 말하기도 한다. 하지만 여기에는 '어떻게'에 대한 기대의 구체적인 모습이 빠져 있다. 추상적인 기대를 구체적인 그림으로 그려 보자. 만약 '있는 그대로 나를 사랑해야 한다'는 기대를 일상의 한 장면으로 떠올려 본다면 그 모습은 구체적으로 어떤 행동을 말하는지 함께 그려 보고 조율한다.

1. 최근에 누군가에게 기대가 깨져서 실망하거나 섭섭했던 일이 있었는가? 언제, 어디서, 누구와, 무엇을 하는 상황이었는지 감정 버튼을 누르는 순간을 간결하게 묘사한 다음 마음 다이어리를 통해 감정의 이름을 불러주고 그 정도를 측정한 후, 마음을 괴롭혔던 생각들을 정리해 보자. 마음 다이어리에 대한 자세한 사항은 4장을 참고한다.

① 감정 버튼을 누르는 순간, 언제 어디서 누구와 무슨 일이 있었나? 그 외에 추가 배경이 있는지도 생각해 보자.

② 4장의 마음 다이어리와 감정 단어 사전 등을 참고하여 그때 기분이 어땠는지, 얼마나 힘들었는지 감정을 측정해 보자.

2. 정리한 여러 생각들 중에 자신을 가장 괴롭히는 생각 하나를 골라서 따져 보자. 의문형이나 감탄형 문장이라면 마침표로 종결되는 평서형으로 바꾸어준 다음 아래 질문에 답해 본다.

① **타당성** 이 생각은 사실일까, 의견일까? 이 생각은 정말 타당할까? 그렇다면 그 이유는 무엇이고, 아니라면 이를 뒷받침할 만한 이유는 또 무엇일까?

② **효용성** 내 생각이 모두 타당하거나 일부 타당하다고 가정해 보자. 하지만 이런 생각을 붙잡고 곱씹는 것이 나의 감정과 행동, 앞으로의 상황과 관계에 어떤 영향을 주게 될까? 이러한 생각에 몰두한다면 내가 얻는 이득은 무엇이고 또 부작용은 무엇일까?

③ **입장 바꾸기** 다른 친구가 나와 똑같은 상황에 처했을 때, 나는 그 친구에게 무슨 말을 해줄 수 있을까? 이런 말을 나 자신에게도 해줄 수 있지 않을까?

④ **조감도** 높게 날아 넓게 보는 새가 되어 보자. 전체적인 배경과 문맥을 고려해서 이 상황을 다른 시각으로 바라본다면 어떨까?

⑤ **순간 이동과 타임머신** 때와 장소가 달랐다면 과연 지금과 똑같은 생각을 하게 될까?

한쪽으로 기울어진 생각에 균형 감각을 되찾는 생각 따져 보기 테크닉은 10장에서 '오답노트 작성하기'라는 이름으로 더욱 자세히 살펴볼 것이다.

3. 실망으로 인한 괴로운 생각이 자신의 기대와 맞닿아 있다면 기대를 다시 점검해 본다. 기대 조절하기 3단계를 통해 먼저 관계를 정의해 보고 서로의 역할을 다시 설정하자. 그 다음 상대방이 깨뜨렸다고 믿는 나의 기대가 무엇인지 적어 본다. 마지막 단계에서는 관계를 잡아주는 4개의 팔, ARMS 테크닉을 활용하여 나만의 기대가 아닌 우리의 기대가 될 수 있도록 소통한다.

① 1단계: 관계 정의하고 역할 설정하기

먼저 서로의 관계를 정의하고 역할에 대해 대화를 나눈다. 관계와 역할에 대해 각자 어떤 생각을 갖고 있는지, 서로 다른 생각을 갖고 있거나 모호하지는 않은지 소통하며 명확히 해둔다.

② 2단계: 기대와 책임 설정하기

관계와 역할에 대해 의견을 모았다면, 서로에 대한 기대와 책임에 대한 생각을 공유한다. 자기 자신과 상대에게 '응당 그러할 것이고 그러해야 한다'고 믿는 것은 무엇인지 구체적으로 논의해 보자.

③ 3단계: 기대와 책임 조절하기

서로에 대한 기대와 책임을 정리했다면 적정한 수준인지 확인하고 조절한다. 각 항목은 '관계를 잡아주는 4개의 팔', ARMS 질문을 통해 너무 높거나 불가능한 것이 아닌지 점검할 수 있다.

4. 수동적이거나 공격적으로 실망을 다루는 대신 우리의 생각과 감정, 요구를 건강한 소통 방식으로 표현해 보자.

① 표현이 서툴거나 두려워 첫발을 떼기 힘들다면 먼저 마음 다이어리를 통해 자신의 걱정과 불안의 실체를 명료하게 바라보는 것이 도움이 된다. 이때는 이미 벌어진 일이 아니라 아직 일어나지 않은 일에 대한 걱정과 불안이므로 '…… 되면(하면) 어쩌지?'라는 의문형의 형태로 먼저 불안을 일으키는 생각을 모두 적어 본다.

② 건강한 소통법을 통해 자신의 생각, 감정, 요구를 표현한 다음 걱정했던 일들이 실제로 벌어졌는지 최대한 객관적인 시각으로 관찰해 보고 그 결과를 기록한다. 그리고 자신의 불안과 걱정을 직접 대면하는 과정에서 배운 것이 있다면 무엇인지 적어 보자.

자신의 마음을 표현하기 위해서는 용기가 필요하고 용기를 내는데도 기술이 필요하다. 용기를 내어 첫 발을 떼는 법은 10장의 다지기 테크닉을 통해 더욱 자세히 살펴볼 것이다.

8장

비난과 비판에도 나를 지키는 법

비판을 피하기 위해서는
아무것도 하지 말고,
아무 말도 하지 말고,
아무것도 되지 마라.

알버트 허바드

우리는 왜 비판에 휘둘릴까

런던에서 석사를 할 때였다. 졸업을 위한 리서치와 논문 발표를 준비하는데 20명 남짓한 학생 중에 유독 한 명으로 인해 수업이 지체된 적이 있었다. 그 학생은 집요하게 자신이 이해할 때까지 질문을 계속했고, 시간이 길어지자 학생들이 술렁이기 시작했다. 몇 명은 볼멘소리를 하기도 했다. 그런 쉬운 것도 몰라서 질문을 하나, 눈치가 없다……. 그녀는 따가운 눈초리에도 아랑곳하지 않고 꿋꿋이 궁금한 점을 물어보았다. 그 이후 깜짝 놀랄 일이 생겼다. 졸업논문 평가에서 그녀 혼자 최우수 성적을 받은 것이다. 사실 그녀가 끈질기게 물었던 것은 함께 수업을 듣던 우리 모두 알아야 했던 내용이었다. 하지만 선뜻 자신이 모른다는 것을 드러내며 질문할 용기를 가진 사람이 그녀밖에 없었던 것이다. 모르는 것도 아는 척하며 남들의 시선에 연연하는 동안 우리는 잃었고, 그녀는 얻었다.

상황은 각자 다르겠지만, 다른 사람에게 안 좋은 소리를 들을까 봐 두려워서 움츠러들거나 물러났던 경험은 누구에게나 있을 것이다. 다른 사람에게 비판을 받으면 아프기 때문에 피하게 된다. 비판이 아픈 이유는 무엇일까?

그 이유는 비판을 부정적으로 해석하는 마음의 올가미에 있다. 비판에 대한 부정적인 과거의 경험으로 인해 상처받은 마음의 뿌리와 기둥이 자라나 우리의 마음을 옭아맨다. 가령 '비판은 나에 대한 공격이야, 내가 무능력하다는 뜻이야, 나를 비판하는 걸 보니 날 싫어하는 구나' 같은 마음의 올가미에 걸려든다면, 비판을 받는 위기 상황에 직면했을 때 부정적인 생각과 두려움에 빠져 휘둘리기 쉽다.

이때 공격적이거나 수동적인 방식으로 즉각 반응하면서 상황을 더욱 악화시키기도 한다. 이런 패턴이 반복되면서 비판에 건강하게 대응하는 방법을 배우고 익힐 수 있는 기회를 스스로 차단하게 되고 비판에 대응하는 데 더욱 서툴고 어렵다고 느끼게 된다. 결국 비판을 마주할 자신감을 잃게 되면서 더더욱 비판을 받을까 봐 불안해하고 비판을 받으면 쉽게 분노하거나 좌절한다.

비판은 누구에게나 어렵다

그렇다면 비판은 나에게만 어려운 것일까? 유독 나만 자존감이 낮고 예민해서 그렇다는 생각을 하기 쉽지만, 비판은 누구에게나 어렵다. 비판을 받는 것이 어려운 첫 번째 이유는 인간의 기본적인 사회적 욕구 때문이다. 사람은 누구나 사랑받고 인정받고 싶어 한다. 우리는 사랑받고 인정받으려고 애를 쓰고, 사랑받고 인정받지 못해서 상처를 받는다. 고립은 사회적 동물에게 생존을 위협하는 치명적인 약점이 될 수 있기 때문에, 우리는 공동체 안에서 유대 관계와 소속감을 통해 정서적 안정을 느끼도록 진화해 왔다. 하지만 비판은 이러한 욕구를 정면으로 거스른다. 특히 공격적인 비난에 지속적으로 노출되어 이 욕구가 충족되지 못하면 뿌리 깊은 결핍이 되어 그림자처럼 따라다니기도 한다.

비판이 어려운 두 번째 이유는 우리의 뇌가 부정 편향적이기 때문이다. 잘 모르는 사람이 무심코 던지는 돌이 가까운 이들의 칭찬보다 마음에 오래 남는 경우가 많다. 100개의 좋은 댓글보다 악플 하나가 머리를 떠나지 않는다. 많은 사람들이 '내가 부정적인 성격이라서 그런 것일까' 하며 자신을 탓하곤 하지만 뇌 과학자들은 이렇게 대답한다. "우리의 뇌는 원래 부정적으로 타고 났습니다." 따라서 뇌의 일부를 도려내거나 약물과 같은 인위적인 방식을 쓰지 않는 이상 '항상 긍정적인 것'은 불가능하다.

다수의 연구 결과에 따르면 뇌는 부정적인 부분에 '꽂히는' 편파적인 방식으로 진화해 왔다. 죽지 않고 생존하려는 본능은 그 무엇보다 강해서 위험을 알리는 부정적인 자극에 더욱 민감하고 빠르게 반응하도록 진화한 것이다. 이때 위험으로부터 자신을 지키기 위해 보내는 강력한 경고음이 바로 '불안과 두려움의 감정'이다. 이 분야를 전문적으로 담당하는 뇌의 영역은 감정을 담당하는 변연계(邊緣系, limbic system) 안의 편도체(扁桃體, amygdala)라는 부위다. 편도체는 과거에 위험했던 상황과 비슷한 단서가 포착되면 위협으로 간주하고 경고음을 보낸다. 공격적인 비난에 지속적으로 노출되었을 경우 예민해진 편도체의 감지 센서는 작은 자극에도 경고음을 남발하게 된다. 날뛰는 편도체는 또다시 상처받지 않으려면 당장 싸우거나 도망치라고 다그친다. 이럴 때 우리는 비판에 휘둘리게 된다. 그렇다면 비판에 대응하기 위해 어떻게 해야 할까?

비판에 휘둘리기 쉬운 마음의 올가미

날뛰는 편도체가 남발하는 경고음에 속지 않고 차분하게 대응하려면, 우리가 비판에 대해 어떤 마음의 올가미에 걸려들었는지 점검해 볼 필요가 있다. 다음 체크리스트를 통해 살펴보자.

- □ 비판은 나에 대한 의도적인 공격이다.
- □ 비판은 내 약점을 들추는 것이다(무능하다, 가치 없다, 똑똑하지 못하다 등).
- □ 비판은 내가 틀렸다는 뜻이다. '나'를 무시하거나 부정하는 것이다. 내가 밉고 싫다는 뜻이다.
- □ 나는 절대 비판을 받으면 안 된다. 어떻게든 비판을 피해야 한다.
- □ 나는 항상 옳아야 하고 비판을 절대 인정하면 안 된다. 아니면 내가 틀린 사람이 된다.
- □ 비판은 위험하다. 나는 비판에 잘 대처하지 못한다.
- □ 나 역시 다른 사람을 비판해서는 안 된다(좋은 말만 해야 한다).
- □ 비판받지 않으려면 모든 것을 완벽하게 해야 한다(애초에 여지를 만들지 않아야 한다).
- □ 비판받지 않으려면 방어하거나 공격하고 상대의 생각을 고쳐야 한다. 아니면 밀리거나 지게 된다.
- □ 비판받지 않으려면 다른 사람에게 맞춰야 한다.
- □ 비판받지 않으려면 항상 경계해야 하고 결점을 절대로 들켜서는 안 된다.

비판과 비난은 다르다

비판에 대응하는 첫걸음은 먼저 비판이 무엇인지 이해하는 것이다. 그렇다면 비판이란 무엇일까? 비판은 기본적으로 '문제가 있어요(해결해주세요)'라는 메시지다. 몸에 좋은 약은 쓰다는 말처럼 비판은 나쁘기만 한 것이 아니라 문제를 제기하고 해결을 요구하는 중요한 소통 기능을 하기도 한다. 특히 아끼고 오래 가고 싶은 관계일수록 비판은 중요한 역할을 한다. 사소한 문제조차 전혀 발생하지 않는 관계란 없으므로 건강한 관계를 위해서는 비판의 순기능을 활용하여 문제를 제때 표현하고 해결하는 것이 중요하다.

비판에는 2가지 종류가 있는데, 약이 되는 쓴 소리는 '건설적인 비판'이고 독이 되는 쓴 소리는 '공격적인 비난'이다. 그렇다면 건설적인 비판에 대해서 먼저 살펴보자.

문제 해결을 위한 건설적인 비판

건설적인 비판은 문제를 제기하고 해결을 요구하는 기본 기능에 충실한 비판이다. 따라서 다음 질문에 답할 수 있어야 한다.

첫째, 무엇이 문제인가?

둘째, 어떻게 문제를 해결하는가?

건설적인 비판은 '문제 제기'와 '해결'이라는 2가지 요소가 명확해야 한다. 여기서 해결책은 직접 제안할 수도 있고 상대에게 묻거나 함께 생각해도 좋다. 건설적인 비판은 우리가 미처 보지 못했던 문제점을 파악하고 해결할 기회를 준다. 따라서 건설적인 비판에 건강하게 대응하기 위한 기본자세는 비판을 '문제 해결의 기회'로 삼는 것이다.

비판이 비난이 되지 않으려면 기본 기능 외에도 갖추어야 할 조건이 있다. 다음은 건설적인 비판의 3가지 조건이다.

1. 의도 성장과 발전에 도움을 주기 위한 의도

2. 태도 진정성 있고 위협적이지 않은 태도

3. 기능 문제 제기와 문제 해결의 기능

상대를 휘두르기 위한 공격적인 비난

그렇다면 공격적인 비난은 어떨까? 공격적인 비난은 문제를 해결하는 것보다 상대를 무너뜨리거나 자신에게 상황을 유리하게 만드는 것을 목적으로 한다. 때문에 문제를 제기할 때 사실에 근거하지 않거나 부분적인 사실을 전체인 것처럼 과장하고 왜곡하기도 한다. 무엇이 문제인지 사실에 근거하여 지적하더라도 무엇을 원하는지가 분명하지 않아 해결을 위한 대안 없이 공격에만 집중하기도 한다.

공격적인 비난은 모욕, 약점 들추기, 인신공격, 탓하기, 조롱, 비꼬기, 협박 등으로 상대방을 휘두른다. 듣는 사람이 당황하고 휘둘리는 틈새를 파고들면서 문제 제기와 해결이라는 중심 주제에서 이탈한다. 이런 경우에 대화는 싸움을 위한 싸움이 되면서 불필요한 부분에 소득 없이 에너지를 소비하게 된다.

공격적인 비난을 받을 때 기분이 나쁘긴 하지만 비난의 내용이 구구절절 다 사실인 것 같아서 반박하지 못한다고 말하는 사람들이 있다. 혹은 의도가 나쁜 건 아니기 때문에 받아들여야 한다고 생각하는 경우도 있다. '너 잘되라고' 혹은 '정신 차리라고' 하는 이른바 '뼈를 때리는 팩트 폭력'은 아무리 '팩트'에 기반하더라도 결국은 '폭력'이다. 따라서 좋은 의도로 사실에 근거해 지적했다고 주장하더라도 태도의 조건을 충족시키지 못하기 때문에 건설적인 비판이 아닌 공격적인 비난이다.

이러한 비난은 잘되라는 의도와는 달리 상처를 남기는 결과가 따르기 때문에 결국 듣는 사람 입장에서는 문제 제기와 해결이라는 비판의 가장 중요한 메시지를 받아들이기 힘들다. 하지만 받아들이기 힘든 공격적인 비난에도 휘둘리지 않고 대응하는 방법은 있다.

비판을 바라보는 새로운 시각

지금까지 살펴보았듯이 비판은 문제를 제기하고 해결책을 얻기 위한 중요한 소통 기능을 하며, 건설적인 비판과 공격적인 비난으로 나뉜다. 이 두 가지 사실을 분명히 인지한다면(혹은, 기억한다면) 우리가 비판을 무조건 피하려고 하거나 부정적인 것으로 대응할 필요가 없다. 그렇다면 비판에 대해 어떤 시각을 가지는 것이 도움이 될까?

비판의 대상은 사람이 아닌 행동이다

비판을 받는 대상은 특정 행동이나 말, 사건이지, 그런 말이나 행동을 한 사람이 아니다. 따라서 사람과 행동을 분리해야 한다. 어떤 행동과 그 결과에 문제가 있다고 해서 우리 존재 자체가 문제가 되는 것은 아니다. 비판하거나 비판받을 때 문제를 개선의 여지가 있는 행동에만 제한한다면 지나치게 방어하거나 회피하고 굴복하는 수동적인 태도나 과하게 반격하는 공격적인 태도를 보일 필요가 없다.

실수는 배움의 기회이다

새로운 것을 한다는 것은 수많은 시행착오를 할 준비가 되어 있다는 것과 같다. 비판이 두려워 처음부터 완벽하게 하려고 한다면 아예 새로운 것은 시도조차 하지 않거나 쉽게 포기하게 된다. 자전거를 처음 배울 때를 생각해 봐도 제대로 자전거를 타기까지 여러 번 넘어지고 실패한다. 공부나 일, 스포츠 등 다양한 분야에서 우리는 시행착오를 통해 배우고 발전하는데, 삶의 기술도 예외가 아니다. 이때 다른 사람의 비판은 내가 미처 발견하지 못한 문제를 대신 발견해준다.

실수를 겸허하게 받아들인다는 것은 사랑받고 인정받고 싶어 하는 우리의 기본 욕구를 거스르는 고통스러운 자기 대면의 과정이기도 하다. 하지만 간과하기 쉬운 문제를 나대신 발견하고 성장

할 수 있는 기회를 준 것이라고 받아들인다면 오히려 감사한 선물이 될 것이다.

비판을 완전히 피하는 것은 불가능하다

우리는 살아가면서 적어도 한 번씩은 비판에 직면하게 된다. 좋은 소리만 듣고 살고 싶어도 현실적으로 그럴 수 없다. 극단적인 예로, 최고의 권력을 가진 왕이나 독재자라 해도 비판의 목소리를 내는 사람은 반드시 있기 마련이다. 모든 사람에게 좋은 말만 듣는 것은 애초에 불가능하다. 그러니 비판을 피할 수 없다면 비판을 잘 다루는 방법을 배우는 것이 현실적인 대안이 된다.

비판이 비난일 필요는 없다

표현할 권리는 누구에게나 있지만 타인의 권리를 존중할 책임 또한 따른다. 존중하고 예의를 지킨다는 것이 어떤 문제도 제기하지 않고 상대방에게 모두 맞추는 것은 아니다. 그렇게 수동적으로 반응하면 자신의 권리는 침해하게 된다. 반대로 싫어할 권리와 기분 나쁠 권리, 또 그것을 표현할 권리가 있다고 해서 공격적인 방식으로 타인을 해칠 권리는 없다. 즉, 비판이 무례한 것이 아니라 비판하는 '태도'가 무례한 것이다. 솔직함이 무례함이 되지 않으려면 건강하게 소통하는 기술이 필요하다.

비판을 잘해야 관계가 오래간다

비판을 듣는 것처럼 비판을 하는 것도 쉽지 않다. 하지만 당장의 불편함 때문에 문제를 덮고 키우게 되면 해소되지 못한 감정을 속으로만 삭이게 되고 더 큰 문제를 낳을 수 있다. 큰 문제가 될 때까지 병을 키우는 것보다 미리 예방주사를 맞거나 증상이 경미할 때 치료하는 것이 나은 것처럼, 상대방의 행동에 문제가 있고 개선의 여지가 있다면 진정성 있고 명확한 피드백을 주는 것이 오히려 그 관계를 지속하기 위한 노력이 된다. 건설적인 비판은 그 사람의 존재 자체를 부정하고 다른 사람으로 바뀌기를 바라는 것이 아니다. '이건 문제라고 생각해. 이 행동은 고쳐줬으면 좋겠어'라는 말은 관계를 지속하고 싶으니 도와달라는 말이다.

태도가 아닌 문제에,
과거가 아닌 현재에 집중한다

비판하는 상대의 태도에 반응하지 않고 비판의 내용에 집중해서 대응해야 한다. 가령 '제발 시간 약속 좀 시켜줘'라는 친구의 말에 '왜 화난 표정으로 말해?'라고 응수하며 말하는 태도를 문제 삼는 경우가 있다. 이렇게 되면 시간 약속을 지키지 않는다는 문제를 제기하고 해결을 요구하려는 대화의 중심 주제를 이탈하게 되어 말꼬리를 잡고 늘어지거나 과거의 이야기를 꺼내며 서로를 비난하는 형태로 이어지기 쉽다. 비판을 할 때도 마찬가지로 과거의 이야기를 꺼내거나 듣는 태도를 문제 삼으며 주제를 이탈하지 않고 당면한 문제 제기와 해결에 집중한다.

문제를 제기했으면
문제를 해결한다

비판할 때 문제를 제기했다면 어떻게 해결해야 할지 구체적으로 제안하거나 논의한 후 마무리한다. 해결을 위한 대안 없이 지적만 하고 불만을 토로한다면 아무 도움이 되지 않는다. 이는 비판을 위한 비판이 되기 쉽다. 이때 해결 방안은 구체적이고 실현 가능성이 있어야 한다. 상대방이 감당할 수 없는 과제를 던져주면서 해결 방법은 가르쳐주지 않거나 자원이 부족한 상태에서 '안 되면 되게 하라'고 한다면 불안이나 분노, 좌절감을 초래할 수 있다. 가령 아이들이 다투었을 때 어떻게 사이좋게 지낼 수 있는지 구체적인 방법을 알려주지 않고 혼내고 체벌하는 식으로 공격적인 비난을 가한다면 근본적으로 문제 상황을 매듭지을 수 없다. 문제를 해결하기 어려운 점과 걸림돌은 무엇인지, 더 나은 방법이 있는지 서로 머리를 맞대면 공격적인 비난에서 적극적인 문제 해결로 대화의 무게 중심이 이동하게 된다.

긍정적인 부분으로 마무리한다

비판을 할 때는 문제로 시작했지만 해결로 끝내고, 부정적으로 시작했지만 긍정적으로 매듭을 짓는다. 이런 방식은 희망을 주는 심리적 여운을 남긴다. 또 비판을 하는 입장에서는 자칫 일방적이고 권위적인 위치에서 소통하기 쉽기 때문에 상대방의 피드백을 구한다. 마무리하기 전에 '기분은 좀 어때?', '네 생각은 어때?' 같은 말 한마디는 같은 눈높이에서 상대방의 마음을 헤아려주고 존중한다는 메시지를 준다.

건설적인 비판에 대응하기

앞서 비판의 종류를 건설적인 비판과 공격적인 비난으로 구분하여 살펴보았다. 건설적인 비판은 상대방에게 도움을 주기 위한 의도를 바탕으로 문제를 제기하고 해결을 요구하는 비판의 순기능에 충실하다. 그리고 이러한 메시지를 위협적이지 않은 진정성 있는 태도로 전달한다. 반면 공격적인 비난의 경우 비판의 의도와 태도, 기능의 3가지 측면 중에서 적어도 하나 이상의 조건을 충족시키지 못한다.

비판의 종류에 따라 이러한 차이점을 보인다면 비판을 받을 때 대응하는 방법 또한 각각 달라진다. 그렇다면 건설적인 비판에 대응하는 법을 먼저 살펴보자.

1단계:
'잠깐!' 쉼표 찍고 되묻기

비판에 대응하기 위해서는 먼저 어떤 종류의 비판인지 구분한다. 이때 활용할 수 있는 기술이 이른바 '쉼표 찍고 되묻기'이다. '잠깐!' 하고 멈춰 마음속으로 쉼표를 찍은 다음 '무슨 뜻이죠?' 혹은 '무슨 말씀이죠?' 하고 되묻는 방법이다.

'쉼표 찍고 되묻기' 테크닉은 2가지 기능을 한다. 첫째, 서두르는 마음을 잠시 진정하도록 돕는다. 당황하거나 감정이 심하게 격앙되면 마음의 시야가 좁아지고 습관대로 즉각 반응하려는 충동을 느낀다. 이런 상태에서는 건강한 소통 방식으로 대응하기 힘들다. '무슨 뜻이죠?' 하고 되묻고 답을 기다리는 동안은 몇 초간의 짧은 시간이지만 흐트러진 주의를 환기시키면서 호흡과 마음을 가다듬을 수 있다.

쉼표 찍고 되묻기는 감정이 완전히 진정될 때까지 기다리는 것이 아니다. 마치 날뛰는 감정을 의자에 앉혀주는 것처럼 격앙된 감정을 100%에서 70% 정도로 낮추어 마음의 여유를 가지고 소통을 준비할 수 있도록 돕는다.

둘째, 쉼표 찍고 되묻기 테크닉은 어떤 종류의 비판인지 구분할 수 있도록 상황 판단을 도와준다. 위기 상황에서 우리는 수많은 생각에 휩싸이며 파국으로 향하는 '비극의 폭주열차'에 올라타기 쉽다. 마음의 위기 경보음은 위험하니 빨리 행동하라고 우리를 부추긴다. 혹은 상대방이 빨리 대답하라며 충동적인 반응을 재촉할 때도 있다. 하지만 급하게 반응할 필요가 없다. 일단 멈추고 되물어 보면 즉각적인 판단을 보류하고 더 많은 정보를 수집할 수 있고, 비판의 종류에 따라 적절한 대응 방법을 선택할 수 있다.

2단계:
선제 사과와 인정하기

'선제 사과'와 '인정하기'는 건설적인 비판에 대응하는 2가지 방법이다. '선제 사과'는 상대가 비판하기 전에 먼저 자신의 잘못을 인정하고 사과하는 것이다. 이때 영혼 없는 사과가 되지 않으려면 무엇을 잘못했고 어떻게 해결하고자 하는지를 명확하게 전달해야 한다. 가령 약속 장소에 늦었을 때 도착하자마자 할 수 있는 선제 사과는 '내가 너무 늦었지. 정말 미안해'이다. 이때, '추운데 기다린다고 힘들었지?'와 같이 공감하는 말을 더하거나 '이 시간에 버스는 길이 너무 막히네. 다음에는 지하철을 타도록 할게'처럼 해결책을 스스로 제시한다면 더욱 효과적이다. 혹은 '어떻게 하는 게 좋겠어?'와 같이 질문하여 상대방이 해결책을 제안할 수 있도록 선택권을 주어도 좋다.

또 다른 방법인 '인정하기'는 상대의 비판에 솔직하게 잘못을 받아들이는 것이다. 건설적인 비판을 받았다면 상대가 지적하는 문제에 '맞습니다' 하며 동의하고 인정한다. 이때 '나는 역시 안 돼. 내가 다 문제야' 하는 식의 자기 공격적인 말로 수동공격적인 태도를 보이거나 상대의 말을 반박하며 자신을 방어하려는 충동에 따라가지 말고 담백하게 인정하는 것이 중요하다. '당신 말이 옳다'고 하며 상대방이 지적하는 문제를 인정해 버리면 둘 사이의 긴장감을 낮출 수 있고 서로에 대한 공격이 아닌 문제 해결에 집중하는 대화가 시작된다.

다음의 예는 직장 상사가 업무 지연을 문제 삼는 상황이다.

상사 진행이 일주일이나 지연되고 있어요. 이러면 최종 데드라인을 맞추기 힘들어요. 어떻게 할 겁니까?

직원 부장님 말씀이 맞습니다. 저도 문제라고 생각해요. 각자 열심히 하고 있지만 협업이다 보니 부서 간 소통에 효율성이 떨어지는 것 같습니다. 부서별로 한 명을 지정해서 책임 소재를 분명히 하고 따로 모이는 것은 어떨까요? 이메일보다 매일 아침 짧은 미팅으로 속도를 내보겠습니다. 또 어떤 문제가 있는지 말씀해주시면 해결책을 생각해 보겠습니다.

부모 자식 간에도 비슷한 상황은 종종 일어난다. 다음의 예는 불만을 터뜨리는 아이와 엄마의 대화이다.

아이 엄마는 동생이 울면 바로 달려가면서 나는 아무리 울어도 관심 없어. 나도 아기 될 거야.

엄마 그랬구나, 엄마가 에밀리한테 신경을 못 써서 속상했구나(공감 반응). 네 말이 맞아.

'맞다'라고 인정할 수 있는 힘의 원천은 바로 자신감이며, 우리가 원한다면 바꿀 수 있다는 굳건한 믿음이다. 또한, 실수나 부분적인 결점으로 인해 우리가 완전히 실패했거나 주저앉을 필요는 없다는 희망을 의미한다.

3단계: 해결책 수용하기

건설적인 비판은 문제를 제기하고 해결을 요구한다. 2단계에서 '맞습니다'라고 문제를 인정했다면 3단계에서는 '그렇게 하겠습니다'라고 해결책을 수용한다. 상대가 직접 문제에 대한 해결책을 제시하지 않는다면 문제 해결을 위해 '어떻게 해결하는 것이 좋을까요?'라고 물어보거나 '이런 건 어때요?' 하고 직접 제안해도 좋다.

지현은 상담실에서 비판에 대한 이야기를 나누던 중 문득 고등학교 시절을 떠올렸다. 당시 미술부였던 지현은 선배에게 인사를 제대로 하지 않는다는 문제로 친구들과 일렬로 서서 훈계를 들었다. 상황이 끝날 기미가 안 보이자 한 친구가 말했다. "후배를 혼낸다고 권위를 세울 순 없어요!" 그러자 분위기가 더욱 험악해지기 시작했다. 그때 조용히 앉아 있던 선배가 말했다. "네 말이 맞아. 이런다고 존경받는 게 아니라 모범을 보이는 게 맞지. 이제 이런 일은 없을 거야."

나름의 위계질서가 잡혀 있는 작은 공동체에서 당한 만큼 갚아주겠다는 악습을 끊는 것은 쉽지 않다. 하지만 후배의 말을 겸허하게 인정하고 요구를 수용한 선배의 행동이 결국 진정성 있는 존경을 이끌어냈다. 문제를 인정하고 요구를 수용하는 것은 패배나 부끄러워 할 일이 아니라 모두의 승리가 될 수 있다.

공격적인 비난에 대응하기

우리는 다양한 관계에서 건설적인 비판을 받기도 하지만 공격적인 비난을 받기도 한다. 특히 우리를 힘들게 하는 것은 나를 휘두르는 공격적인 비난인 경우가 많다. 이럴 경우 마찬가지로 '맞았으면 때려야 한다'는 식의 공격적 태도를 보이거나 당황한 나머지 수동적인 태도로 참거나 회피하기 쉽다. 혹은 '우아한 한 방'과 같은 방식으로 되받아치는 수동공격적 태도가 가장 효과적인 방법이라고 생각하기도 한다.

그렇다면 이 3가지 반응 외에 다른 대안은 없을까? 이제 공격적인 비난에 대응하는 방법을 단계별로 자세히 배워 보자.

1단계:
되묻기와 꼬리잡기로 메시지 판단하기

공격적인 비난에 대응하는 1단계에서도 마음속으로 '잠깐!' 쉼표를 찍고 '무슨 뜻이에요?' 하고 '되묻기'를 한다. 이 단계는 건설적인 비판이었지만 오해의 소지가 있을 때, 공격적인 비난을 가하는 불도저형 발언을 다시 한 번 확인할 때, 수동공격적인 비난을 가하는 돌려까기형의 혼란을 정리할 때도 유용하다. 특히 돌려까기형의 수동공격적인 비난은 여러 방식으로 판단력을 교란시키기 때문에 혼란을 일으키기 쉽다. 이런 경우 어떤 종류의 비판인지 판단하고 적절하게 대응하기 어려워진다. '되묻기'와 '꼬리잡기'는 숨어서 공격하면서 빠져나가는 돌려까기형의 메시지를 명확하게 할 때 특히 효과적이다.

먼저 당황한 마음을 추스르고 상황을 판단하기 위해서 마음속으로 '잠깐' 하고 쉼표를 찍고 '무슨 뜻이에요?'라고 되묻는다. 그 다음 '혼란스러운 부분이 있는데, 분명히 해주시겠어요?' 하는 '꼬리잡기'를 통해 모호하거나 모순되는 점을 지적하고 분명히 해줄 것을 침착하게 요구한다. 꼬리잡기 테크닉은 혼란을 정리하는 테크닉이다. 상대방이 자기가 했던 말을 바꾸거나 말과 행동이 다를 때, 또 말의 핵심 내용과 워딩, 몸의 언어 사이에 모순이 있을 때 등 다양한 상황에 적용할 수 있다.

이때 주의할 점은 사람 자체를 공격하는 것이 아니라 모순되는 말과 행동, 상황을 객관적으로 요약하고 정리하면서 분명함을 요구한다. 가령 자꾸만 말을 바꾸는 상사에게 할 수 있는 말이다. "과장님. 지난번 회의에서는 A프로젝트가 우선순위라고 말씀하셨는데, 지금은 B프로젝트에 집중하라고 하세요. 무엇이 우선순위인지 명확하게 해주셨으면 좋겠습니다."

다음은 괜찮다고 말은 하지만 온몸으로 화가 난 감정을 표현하면서 상대방에게 눈치를 주는 친구에게 '꼬리잡기' 테크닉을 활용해 보자. "네가 괜찮다고 말은 하는데 평소와 다르게 말도 안 하고 시선도 피하면서 괜찮지 않은 행동을 해서 혼란스럽네. 네 마음이 어떤지 분명하게 말해줬으면 좋겠어."

그렇다면 오랜만에 동창회에서 만난 지훈과 상민의 대화를 통해 되묻기와 꼬리잡기를 어떻게 활용할 수 있는지 살펴보자.

지훈 축하해! 예전에는 눈에 띄지도 않았는데. 너 친구도 없이 혼자 컴퓨터만 만지고 그러더니…… 많이 컸다. 대기업에 다니다니, 운이 좋구나. 그쪽은 취업이 쉽다는데 나도 그런 거나 할걸. 아무튼 진짜 축하해!

상민 무슨 뜻이야('잠깐!' 쉼표 찍고 되묻기)?

지훈 아니, 너 잘 풀려서 축하한다고.

상민 축하한다는 말은 나도 들었어. 그런데 예전에 내 모습이 어떻다는 식으로 말하면서 운이 좋다거나 취업이 쉽다는 말은 축하와는 결이 달라서 혼란스럽네. 분명하게 말해줬으면 해(꼬리잡기).

2단계:
생각, 감정, 요구를 담아 할 말 하기

1단계에서 되묻기와 꼬리잡기를 했다면 2단계에서는 본격적으로 공격적인 비난에 대응한다. 2단계의 대응 테크닉은 크게 '바로 할 말 하기'와 '한 번 꺾고 할 말 하기'로 나누어 볼 수 있다.

① 바로 할 말 하기

먼저 '바로 할 말 하기'는 내가 주체가 되는 문장으로 자신의 [생각, 감정, 요구]를 분명하고 간결하게 담는 것이다. '아니, 나는 그렇게 생각하지 않아' 하고 자신의 생각을 표현하거나 '불쾌하다'는 감정을 표현할 수도 있다. '불쾌하니까 하지 마'라고 요구를 덧붙여도 좋다. 이때 차분하고 담담한 태도로 말하는 것이 중요하다. 흔히 담담한 태도는 감정을 억누르는 것이라고 생각하기 쉽지만 오히려 감정을 충분히 읽어주고 담아주는 것이다.

[생각] 표현하기	네 말에 동의하지 않아 / 난 많이 노력했다고 생각해 / 진심으로 축하하는 말로 들리진 않아 / 난 무례하다고 생각해……
[감정] 표현하기	그 말은 불쾌해 / 그 말을 들으니 기분이 좋지 않아……
[요구] 표현하기	그런 말은 하지 말아 줘 / 앞으로는 주의해 줘……

감정이 격앙될 경우 기존의 소통 습관대로 곧장 반응하고 후회하기 쉽기 때문에 필요하다면 날뛰는 감정을 잠시 기다려도 좋다. 그리고 자신의 무게 중심을 차분하게 지키면서 목소리 톤이나 표정, 자세, 시선 등 비언어적 요소에 신경을 써서 말한다. 그렇다면 앞의 대화에서 지훈의 말을 수동공격적인 비난이라고 판단한 상민은 어떻게 대응하면 좋을까?

자신의 무게 중심을 지키며 말하기 위해서는 타인이 아닌 자신의 생각, 감정, 요구에 집중하여 할 말을 한다. 상민이 전달하려는 중심 메시지는 지훈의 말이 무례하고 불쾌하니 하지 말라는 것이다. 종종 상대방이 '별일 아닌데 네가 과잉 반응하는 것이다'라는 식으로 문제를 부정하고 요구를 수용하지 않을 때가 있는데, 이때도 자신의 생각, 감정, 요구에 집중하여 반복한다. 예를 들면 다음과 같다.

지훈 별 뜻 없이 한 말인데, 왜 이렇게 과잉 반응이야?

상민 (네 의도는 그렇다 해도) 어쨌든 나는 불쾌해. 하지 말아줘.

이때 상민이 '너 친구도 없이 혼자 컴퓨터만 만지고 그러더니'라는 지훈의 말에 '아니야, 나 친구 있었어'라는 식으로 반박하면 어떻게 될까? 그러면 대화의 중심 주제는 실제로 친구가 있었는지 없었는지에 대한 진실 공방으로 이동하게 된다.

'네 말대로 친구도 없이 혼자 컴퓨터만 만지던 별 볼일 없던 내가 이렇게 잘 되었는데, 너는 그동안 한 게 뭐야?'라는 식으로 반격한다면 어떨까? 상민의 목적은 지훈에게 수동공격적인 비난을 하지 말라고 요구하는 것인데, 이런 반격은 오히려 긴장과 비난의 수위를 높이고 소모적인 다툼으로 이어질 수 있다. 따라서 앞서 5장에서 살펴봤듯이 '나'를 주어로 명확하게 메시지를 전달하는 데 집중하는 편이 좋다.

② 한 번 꺾고 할 말 하기

다음 대응 테크닉은 '한 번 꺾고 할 말 하기'이다. 즉, '바로 할 말하기'와 달리 상대의 말을 부분적으로 인정하고 자신의 [생각, 감정, 요구]을 담아 말하는 것이다. 특히 자신이 이겨야 되고 자신의 말이 꼭 맞아야 되는 타입인 공격형을 상대할 때, 강대강으로 맞선다면 긴장의 수위가 점점 높아진다(escalation). 이때는 바로 할 말을 하는 것보다 '그건 맞아요'라고 한 번 꺾고 할 말을 하는 것이 효과적이다.

'당신 말이 다 맞아요'라고 모두 동의하는 것은 아니지만 '부분적으로 맞는 것도 있어요, 완전 틀린 말은 아니에요'라고 인정해주면 나를 향한 날카로운 상대의 칼끝이 한 번 꺾이면서 일시적으로 긴장감을 낮출 수 있다(de-escalation).

한 번 꺾고 말하기의 전체 흐름은 '그건 맞아요. 그런데……(Yes, but……)'가 된다. 그렇다면 상황에 따라 구체적으로 어떤 부분을 맞는다고 인정해주는지, 한 번 꺾고 할 말 하기의 구체적인 테크닉을 배워 보자.

첫째는 내용을 부분적으로 인정하는 방법이다. 즉, '그 부분은 맞다', '일부 내용은 맞다' 하고 상대방이 한 말 중에서 타당하고 정확한 내용에 한해서만 부분적으로 인정하는 테크닉이다. 이때 '네가 틀렸다'고 바로 반박하거나 할 말을 하며 치고 들어가는 것이 아니라, '그 부분은 맞는다' 혹은 '그 말도 맞는다'와 같이 시작한다. 다음 예시를 살펴보자.

지훈 축하해! 예전에는 눈에 띄지도 않았는데. 너 친구도 없이 혼자 컴퓨터만 만지고 그러더니…… 많이 컸다. 대기업에 다니다니, 운이 좋구나. 그쪽은 취업이 쉽다는데 나도 그런 거나 할걸. 아무튼 진짜 축하해!

상민 무슨 뜻이야('잠깐!' 쉼표 찍고 되묻기)?

지훈 아니, 너 잘 풀려서 축하한다고.

상민 축하한다는 말은 나도 들었어. 그런데 예전에 내 모습이 어땠다는 식으로 말하면서 운이 좋다거나 취업이 쉽다는 말은 축하와는 결이 달라서 혼란스럽네. 분명하게 말해줬으면 해(꼬리잡기).

지훈 축하한다는데 왜 정색이야?

상민 그래, 네 말도 맞아. 예전에는 그런 적도 있었지(내용 부분 인정). 그런데 듣기 불쾌하니까 앞으로 그런 말 하지 마.

지훈 별 뜻 없이 한 말인데, 왜 이렇게 예민하게 굴어?

상민 어쨌든 나한테는 불쾌하고 무례한 말이니까 앞으로 그런 말 하지 마.

둘째는 가능성을 부분적으로 인정하는 테크닉이다. 비난할 때 '너 때문에 (결과가) 이렇게 된다'고 하며 아직 일어나지 않은 최악의 시나리오로 겁을 주고 몰아가는 경우가 있다. 이런 경우에도 상대방의 발언을 부분적으로만 인정해서 한 번 꺾고 할 말을 하는데, 이번에는 '그렇게 될 수도 있죠'라는 말로 가능성만 부분 인정하는 것이다. 상대의 '협박성 비난'에 지나친 상상일 뿐이라고 전면 반박하지 않고, 100만분의 1의 확률이라도 그럴 가능성도 있다고 먼저 인정해주며 한 번 꺾고 들어간다. 지훈과 상민의 대화를 다시 한 번 살펴보자.

지훈 축하해! 예전에는 눈에 띄지도 않았는데. 너 친구도 없이 혼자 컴퓨터만 만지고 그러더니…… 많이 컸다. 대기업에 다니다니, 운이 좋구나. 그쪽은 취업이 쉽다는데 나도 그런 거나 할걸. 아무튼 진짜 축하해!

상민 무슨 뜻이야('잠깐!' 쉼표 찍고 되묻기)?

지훈 아니, 너 잘 풀려서 축하한다고.

상민 축하한다는 말은 나도 들었어. 그런데 예전에 내 모습이 어떻다는 식으로 말하면서 운이 좋다거나 취업이 쉽다는 말은 축하와는 결이 달라서 혼란스럽네. 분명하게 말해줬으면 해(꼬리잡기).

지훈 축하한다는데 왜 정색이야? 나는 진짜로 축하한 건데 이런 식으로 나오면 앞으로 무서워서 뭔 말도 못 하겠다. 매사 이렇게 남의 말에 꼬투리 잡고 부정적으로 나오면 인간관계 제대로 못 한다. 우리 모임도 다 깨질 거야.

상민 그래, 정말 네 말대로 그럴 수도 있어(가능성 부분 인정). 하지만 분명하게 해달라는 말을 한다고 해서 앞으로 내가 모든 인간관계를 제대로 못 하거나 우리 모임 자체가 깨지는 건 아냐. 단지 한동안 네가 신경 쓰일 순 있겠지(즉각적 결과로 축소하기).

두려움은 당면한 문제를 빠르고 신속하게 해결하기 위해 많은 부모가 활용하는 전략이기도 하다. '협박성 비난'은 엄마 말을 안 들으면 감옥에 간다거나 이를 안 닦으면 다 썩어서 몽땅 뽑아버려야 한다는 등, 통제가 힘든 아이들의 행동을 다루기 위한 손쉬운 방법이다. 하지만 이런 방법은 극단적인 상황에 대한 과도한 걱정과 불안이라는 부작용을 낳기도 한다. 가령 아이가 공부를 열심히 했으면 하는 마음으로 시험을 망치면 대학도 못 가고 인생 망친다고 아이를 '협박'하는 부모가 있다고 하자. 이번 시험을 망치면 인생 전체를 망친다는 '최악의 시나리오'는 극단적이고 왜곡된 사고방식이다. 당면한 문제와 개연성이 떨어지고 대개 실현 가능성이 낮은 것이기 때문에 협박성 비난을 이용하는 훈육 방식은 '약효'가 금방 떨어지기도 한다. 이런 협박성 비난을 듣게 되면 일단 '맞아요, 그럴 수도 있죠' 하고 가능성만 부분 인정한다. 그다음 '시험을 잘

못 봤으니 이번 성적은 낮게 나올 것이다'와 같이 당면한 문제로 인한 즉각적인 결과로 축소해준다.

셋째는 원론적인 부분만 인정하는 테크닉이다. 상대방이 공격적인 비난을 통해 지적하고 자신의 방식대로 교정하려고 할 때가 있다. 또한 세세한 것까지 간섭하고 통제하거나 조언을 억지로 밀어 넣으며 '사랑하니까'로 정당화할 때도 있다. 이럴 때는 어떻게 할까?

먼저 상대의 발언을 문제 제기와 문제 해결 부분으로 나누어 본다. 그다음 문제 제기를 한 부분은 큰 틀에서 원론적인 부분에 한해 인정하고 문제 해결 부분은 수용하지 않는다. 서로 다른 육아관으로 부딪치는 친정 엄마와의 대화를 예로 들어 보자.

엄마 네가 애한테 너무 칭찬만 해주니까 버릇이 없잖아. 혼낼 때는 따끔하게 매를 들어야 권위도 생기고 말도 들어.

가영 맞아, 지나친 칭찬은 해로울 수 있지(원론적 부분 인정). 엄마 말대로 훈육은 중요하지만 그렇다고 매를 들어 말을 듣게 하고 싶지는 않아. 서툴러 보여도 나도 나름 노력하고 있으니까, 기다려줬으면 좋겠어(생각과 요구 표현).

가영은 '내 생각은 달라' 하고 바로 자신의 의견을 내지 않고 먼저 원론적인 선에서 엄마의 의견을 인정해주며 한 번 꺾고 들어간다. 그 다음 체벌을 통해 부모의 권위를 세우라는 친정 엄마의 해결은 동의할 수 없다는 자신의 생각을 표현하고 거리를 지켜달라는 요구를 한다.

3단계:
주제에 집중하여 문제 해결하기

상대가 제기하는 문제에 바로 할 말을 하거나 부분 인정으로 한 번 꺾고 할 말을 했다면 마지막 3단계에서는 문제를 해결한다. 공격적인 비난도 결국 어떤 문제가 있으니까 해결해 달라는 메시지이다. 하지만 비판의 의도, 태도, 기능의 3가지 조건을 충분히 만족시키지 못하기 때문에 이러한 메시지가 효과적으로 전달되지 못한다. 공격적 비난은 특히 주제를 이탈하여 대화를 싸움판으로 끌고 들어가는 경우가 빈번하다. 그럼에도 불구하고 문제를 해결하고자 한다면 주제를 이탈할 때마다 '집 나간 주제 데려오기'를 하며 대화의 중심을 잡아준다. 이때 인내심을 가지고 무엇이 문제이고 상대가 무엇을 요구하는지 상기시키는 과정을 반복한다. '그러니까 이러이러한 게 문제라고 생각하는 거잖아, 맞아?' 같이 문제를 요약하고 제대로 이해했는지 확인한다.

이때 '그랬구나 반응'이나 '요약하기 반응' 같은 듣기 테크닉을 적극적으로 활용한다. 그 다음 '그러니까 어떻게 해결하면 좋을까?'와 같이 무엇을 원하는지 물어보거나 '이렇게 하는 건 어때?'와 같이 구체적인 해결책을 제시한다.

1. 비판에는 관계를 유지하고 문제를 해결하기 위한 건설적인 비판과 자신에게 유리하게 상황을 끌고 가거나 상대를 누르기 위한 공격적인 비난이 있음을 살펴보았다. 목적과 내용이 다른 만큼 건설적인 비판과 공격적인 비난에 대응하는 방법 역시 달라야 한다. 비판과 비난에 대응하는 방법을 요약하면 다음과 같다.

① 건설적인 비판에 대응하기

* **1단계 비판과 비난 구분하기** '잠깐!' 쉼표 찍고 되묻기
* **2단계 문제 지적에 대응하기** 선제 사과와 인정하기
* **3단계 문제 해결하기** 해결책 수용하기

② 공격적인 비난에 대응하기

* **1단계 비판과 비난 구분하기** '잠깐!' 쉼표 찍고 되묻기와 꼬리잡기
* **2단계 비난에 대응하기** 바로 할 말 하기와 한 번 꺾고 할 말 하기
* **3단계 문제 해결하기** 주제에 집중하여 문제 해결하기

2. 이제 실제로 건설적인 비판과 공격적인 비난에 대응하는 방법을 연습해 보자. 처음에는 연습을 위해 친구나 가족과 함께 역할극을 해보아도 좋다.

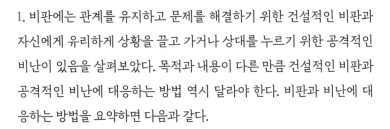

① 휘둘리기 쉬운 상황 파악하기

1장의 위기 상황 체크 리스트를 통해 비판에 휘둘리기 쉬운 상황을 먼저 파악하여 목록으로 만든다.

② 역할극으로 대응법 연습하기

언제, 어디서, 누구에게 비판을 받는 상황인지 역할극의 배경을 설정하여 앞서 다루었던 대응법을 반복 연습한다.

③ 순차적으로 연습하기

의도적으로 '작고 사소한 실수'를 해서 실제 상황에서 비판에 대응하는 연습을 해 보자. 역시 위기 상황 체크 리스트를 통해 언제, 어디서, 누구에게 어떤 비판을 받을 때 가장 대응하기 어려운지 파악하여 난이도가 낮은 단계에서 시작한다.

비판을 받았을 때 기존의 습관대로 성급하게 반응하지 않으려면 가장 먼저 마음속으로 '잠깐!'을 외치며 쉼표를 찍은 다음 마음의 시야를 확보한다. 그 다음 '무슨 뜻이야?'라고 상대에게 되물어 상황을 명료하게 파악하고, 가장 효과적인 대응 방법을 선택한다.
비판에 대응하는 법을 체계적으로 난이도별로 연습하고 싶다면 10장의 다지기에서 더욱 자세히 배워 보자.

9장

칭찬과 감사를 회피하지 않는 법

타인을 칭찬함으로써
자기가 낮아지는 것이 아니라
자기를 상대방과 같은 위치에
놓는 것이 된다.

괴테

관계를 시작하고 이어가는 칭찬

"고맙다. 잘했다. 사랑한다……."

최근에 이런 말을 들어본 적이 있었다면 언제였을까? 그리고 우리가 이런 말을 해준 적은 또 언제였을까? 칭찬과 감사, 애정을 표현하는 말은 돈을 들이지 않고도 감동을 주는 선물과 같다. 그래서 좋은 말은 주고받기 쉽다고 생각할 수 있지만, 의외로 우리는 이런 표현에 익숙하지 않아 겉으로 표현하지 못한 채 마음에만 담아 두기도 한다. 특히 가족처럼 가까운 사이에 더욱 그렇다. 많은 사람들이 이런 말을 들어 보았을 것이다. "가족끼리 새삼스럽게…… 꼭 말로 표현하지 않아도 알아야지."

생각해 보면 우리는 칭찬을 받기 위해 애를 쓰고 투자와 노력을 아끼지 않는다. 그런데 막상 다른 사람에게 칭찬과 감사의 말을 하는 데는 어색하고 인색하다. 더 아이러니한 것은 칭찬받고 사랑받고 고맙다는 말을 듣고 싶어 하면서도 막상 실제로 칭찬을 받으면 불편해하거나 어쩔 줄 몰라 한다는 것이다.

이렇게 비판이나 거절만 어려운 것이 아니라 때로는 좋은 말을 주고받는 것도 어렵다. 그렇다면 9장에서는 휘둘리지 않고 칭찬하고 칭찬받는 법을 배워 보자.

서로의 자존감을 높이는 칭찬

칭찬은 '잘했다, 소중하다, 가치 있다' 같은 메시지이다. 이것은 어떤 사람과 그의 행동에 대한 장점을 파악하여 가치를 인정하고 알아준다는 것이다. 이런 메시지를 전달하려면 상대에 대한 진심 어린 관심이나 애정이 있어야 한다. 그래야 열린 마음으로 진정성 있게 표현할 수 있다. 칭찬은 관계를 맺고 유지하는 데 굉장히 긍정적인 역할을 한다. 오죽하면 칭찬은 고래도 춤추게 한다는 말이 있겠는가.

칭찬은 처음 대화를 시작하거나 불편한 상황일 때 다소 경직될 수 있는 분위기를 부드럽게 만드는 '아이스 브레이커(ice breaker)'의 역할을 하고, 새로운 관계를 맺을 때 호감을 표현하여 상대의 마음을 여는 역할도 한다. 가령 오랜만에 만난 친구들끼리 오가는 대화에 귀를 기울여 보자.

"진짜 오랜만이다. 오늘 아주 근사한걸? 특히 재킷이 아주 잘 어울려."

"너야말로 너무 멋지다. 오랜만에 봐도 그대로네."

회사에서 팀 미팅을 시작할 때의 대화는 또 어떨까?

"부장님의 강력한 리더십으로 이번 프로젝트도 무사히 마무리 했습니다."

"처음부터 끝까지 책임지고 잘 마무리한 김 과장 덕분이지요."

이렇게 우리는 칭찬을 주고받으면서 화기애애한 분위기를 만들어 간다.

칭찬의 또 다른 기능도 있다. 칭찬을 하면 상대방의 자존감을 높여줄 뿐만 아니라 자기 자신의 자존감도 높여준다. 칭찬이 상대방의 자존감을 높여준다는 것은 쉽게 이해가 되지만 자신의 자존감도 높여준다는 것은 무슨 뜻일까?

칭찬하는 말은 균형 있고 탄탄한 자존감의 표현이다. 자신의 장단점을 잘 파악하여 스스로 격려하고 칭찬할 줄 아는 사람은 대개 자기 자신에 대해서 균형 잡힌 생각과 자신감을 가지고 있다. 그리고 이런 균형 감각과 안정감을 바탕으로 다른 사람의 장점에 대해서도 '잘했다, 소중하다, 가치 있다'라고 진정성 있게 칭찬할 수 있게 된다. 상대와 자신을 비교하면서 '나는 되는 게 없어, 나는 저 사람보다 못해'라고 생각한다면 타인을 진심으로 축하하거나 칭찬하기 어렵다.

이렇게 자존감이 높으면 칭찬을 잘할 수 있지만 역으로 타인을 칭찬하면서 자신의 자존감이 높아지기도 한다. 4장에서 살펴본 것처럼 상황, 생각, 감정, 행동의 4가지 마법의 주문은 서로 연결되어 영향을 주고받기 때문에 생각이 바뀌면 행동이 바뀌고, 반대로 행동이 바뀌면 생각도 바뀔 수 있다. 따라서 타인을 칭찬하는 행동을 통해서 이런 선물을 줄 수 있는 자기 자신에 대해서도 긍정적인 생각을 다질 수 있다.

칭찬은 왜 어려울까

상대방의 자존감도 높여주고 동시에 칭찬하는 자기 자신의 자존감도 높여주는, 이렇게 좋은 칭찬을 우리는 왜 어려워하는 것일까? 칭찬이 어려운 이유는 어려서부터 제대로 칭찬하고 칭찬받는 법을 배우지 못했고 그러다 보니 칭찬에 익숙하지 않기 때문이다. 또 칭찬에 대한 부정적인 감정을 경험하면서 칭찬을 방해하는 마음의 올가미에 걸려들기 때문이다. 가령 부모가 여러 자녀 중 유독 한 명만 칭찬하면서 비교하고 경쟁시키는 양육 환경을 경험했던 경우나 혹은 자신보다 우월한 주변 사람, 이른바 '엄친아', '엄친딸'과 비교당했던 경우, 칭찬에 대한 부정적인 감정을 경험한다.

사촌이 땅을 사면 배가 아프다는 속담이 있다. 또 어려울 때 위로해주는 친구는 좋은 친구지만 내가 잘됐을 때 진심으로 축하해주는 친구가 진짜 친구라는 말도 있다. 이런 말들은 진심으로 타인을 인정해주는 칭찬이 생각보다 쉽지 않다는 것을 보여준다. 이런 반응에는 어떤 생각과 감정들이 숨어 있을까?

칭찬하는 것을 방해하는 생각과 감정

칭찬을 어려워하는 마음을 들여다볼 때 가장 먼저 '부러움'이나 '질투' 같은 감정 단어가 떠오를 것이다. 하지만 부러움과 질투는 결이 다르다. 부러움과 관련된 생각은 '좋겠다, 나도 저렇게 되고 싶다'라는 생각이 바탕이 되고, 부러움을 느끼는 대상은 선망의 대상이나 롤모델이 되기도 한다. 하지만 질투와 관련된 생각은 다른 측면에 초점이 맞춰져 있다. 바로 자신과 비교하는 생각이다. '나보다 잘 나간다, 나보다 더 많이 가졌다' 같이 타인을 자신과 비교하면서 갑을 관계, 우월함과 열등함이라는 위계질서가 만들어진다. '내가 원했던 것이나 내가 가져야 하는 것을 저 사람이 가져갔다, 저 사람에게 뺏겼다, 저 사람 때문에 내가 초라해졌다'와 같은 생각의 흐름을 따른다면 질투와 더불어 분노와 박탈감도 느끼게 된다. 또 '(저 사람과 비교해서) 나는 별로 가진 게 없다, 실패했다'라는 생각의 흐름을 따른다면 좌절감과 자괴감을 느끼게 된다. 이 경우 상대방은 나를 아프게 하는 위협이 된다. 그러면 공격형은 상대를 공격하고, 수동형은 상대를 피하거나 자기 자신을 공격한다. 다른 사람의 장점이나 잘한 점을 칭찬하는 대신 잘못한 점이나 부족한 점을 지적하는 것이나, 같이 시험공부를 하다가 한 사람만 붙고 한 사람은 떨어졌을 때 사이가 멀어지는 것처럼 질투로 인한 행동이 관계를 망가뜨리기도 한다.

칭찬하거나 칭찬받는 것이 불편하다면, 어색함이나 두려움과 같은 감정이 발목을 잡고 있기 때문일 수도 있다. 칭찬해주면 상대가 교만해지고 버릇이 나빠질 거라는 생각을 하거나 나태해질 거라는 생각을 하게 되면 칭찬을 해주는 데 불안과 두려움을 느끼게 된다.

가까운 사이에서는 상대를 인정해주고 사랑한다는 마음을 꼭 말로 표현하지 않아도 당연히 알 것이라는 생각에 칭찬을 생략하기도 한다. 이렇게 되면 애정 표현과 칭찬에 더욱 서툴게 되어 어색함을 느끼게 되고 결국 이런 상황을 기피하거나 놀리고 비꼬는 방식으로 표현하게 된다.

내담자들과 상담을 하다 보면 부모에게 잘했다는 칭찬을 듣거나 인정받은 적이 별로 없어서 서러움을 느꼈다는 사람들이 많이 있다. 오랜 시간을 함께 보낸 부부 사이에도 잘했다, 고맙다는 말을 자주 주고받지 않는 경우도 있다. 이렇듯 부부나 부모, 가족, 연인 등 가까운 사이일수록 말하지 않아도 알 거라는 '이심전심'을 굳게 믿곤 한다. 하지만 지레짐작 대신 말로 직접 표현하는 것은 긴장을 낮추고 서로에 대한 감사와 신뢰를 단단하게 다지면서 관계를 부드럽게 이어가는 접착제 같은 기능을 한다.

만약 자신이 부정적인 생각과 감정에 휘둘리거나 타인을 칭찬하고 싶은 마음이 전혀 들지 않는다면 자신의 마음을 부정하면서까지 억지로 칭찬할 필요는 없다. 서로를 지켜주는 칭찬이 되기 위해서는 먼저 질투와 좌절감, 두려움 같은 부정적인 감정과 그에 관련된 생각 또한 끌어안고 읽어주어야 한다. 질투 같은 감정은 누구나 느낄 수 있는 자연스러운 감정이기 때문에 이런 감정을 느낀다고 해서 자신을 몰아세울 필요도 없다. 문제는 이런 감정 자체가 아니라 우리가 수동적이거나 공격적인 소통 방식으로 감정을 다루는 방식이다.

부정적인 감정을 알아챘다면 마음 다이어리를 통해 그 이면에 숨어 있는 생각들을 들여다볼 수 있는 기회로 삼는다. 이렇게 나 자신과 먼저 소통하면서 마음의 준비가 될 때까지 기다려도 된다. 그런 다음 타인과의 소통을 시작한다.

그렇다면 칭찬을 방해하는 마음의 올가미를 체크리스트를 통해 살펴보자.

□ 가족끼리(친한 사이끼리) 꼭 말로 해야 하나? 말하지 않아도 알아야지.

□ 칭찬을 해주면 버릇 나빠져. 건방지고 기고만장해져서 나를 무시할지도 몰라.

□ 칭찬하면 나태해지고 뒤쳐질 거야. 바짝 죄어야 돼.

□ 칭찬은 나보다 상대방이 더 우월하다고 인정하는 것이야. 나보다 더 가치 있고 중요하다는 뜻이야.

□ 칭찬하면 지는 거야.

칭찬받는 것을 어렵게 하는 생각과 감정

그렇다면 칭찬을 받을 때는 어떨까? 한국에서는 상대방이 호의를 베풀 때 몇 번 사양하고 마지못해 받는 것을 예의 있는 행동이라고 생각한다. 비슷한 맥락으로, 칭찬을 받을 때도 '아닙니다'라고 부정하고 자신을 낮추는 것이 겸손하고 예의 있는 행동이 된다. 따라서 이런 '사회적 규칙과 신념'을 공유하는 집단에서는 칭찬을 즐겁게 받아들이는 것이 어려워진다. 칭찬을 바로 받아들이면 '겸손하지 않다, 잘난 척한다' 혹은 '예의 없다, 눈치 없다'라는 비난을 받을 거라는 두려움이 앞서기 때문이다.

이런 생각이 바탕이 되면 수동형은 칭찬을 받아들이지 못하고 불편해하면서 자신을 깎아내린다. 좋은 말에도 못들은 척 넘어가거나 어색하게 웃으며 화제를 돌려 버리기도 한다. 하지만 진심 어린 칭찬에도 과하게 자신을 깎아내린다면 겸손이 아니라 의도치 않게 상대방을 깎아내리는 결과가 발생할 수도 있다. 가령 그림을 잘 그렸다고 칭찬했는데 '아냐, 대충 그린 건데'라고 하거나 오늘 입은 옷이 예쁘다고 칭찬했는데 '전혀, 나 오늘 완전 엉망인데'라며 손사레를 치면 오히려 칭찬한 사람이 머쓱해지는 상황이 된다.

반대로 공격형의 반응은 어떨까? 칭찬을 칭찬으로 받아들이지 못하고 '그래, 그쪽 눈에는 이게 잘했다 이거죠?' 하고 비꼬거나 짜증내는 방식으로 반응하기도 한다. 이 경우에도 칭찬한 사람은 좋은 의도를 인정받지 못하고 되레 마음이 상할 수 있다.

그렇다면 칭찬받는 것을 방해하는 마음의 올가미를 다음과 같이 살펴보자.

- □ 정말 칭찬하고 싶은 것이 아니라 가식적으로 하는 말이야. 속으면 안 돼.
- □ 나한테 원하는 게 있어서 띄워주는 거야. 뭔가 꿍꿍이나 숨은 의도가 있겠지.
- □ 진심이 아니라 놀리고 비꼬는 거야.

□ 그냥 기분 좋게 해주려는 인사치레일 뿐이야.

□ 자기가 칭찬받고 싶어서 칭찬하는 거야. 나도 똑같이 갚아 줘야 해.

□ 칭찬을 받아들이면 겸손하지 못하고 건방지다 생각할 거야. 날 질투하거나 욕할지도 몰라.

□ 칭찬을 당연하게 받아들인다고 생각할 거야.

칭찬을 칭찬답게 하는 법

그렇다면 건강한 방식으로 칭찬하고 칭찬받는 것은 어떻게 하면 될까? 제대로 칭찬하고 제대로 칭찬받는 것도 소통의 기술이다. 그렇다면 약이 되는 칭찬과 독이 되는 칭찬을 살펴보고 약이 되는 칭찬은 어떻게 하는 것인지 배워보자.

구체적인 칭찬이 좋다

남자친구와 쇼핑을 간 민정이 묻는다. "검은 원피스가 예뻐, 하얀 원피스가 예뻐?" 그때 남자친구가 대답한다. "둘 다 예뻐." 물론 이것도 칭찬이다. "왜? 왜 둘 다 예쁜데?" 민정이 웃으며 묻자 남자 친구가 다시 대답한다. "왜가 어디 있어, 다 예쁘다니까." 그러자 민정이 점점 뾰로통해진다. "관심 없지? 관둬, 그럼." 둘의 대화는 금세 차갑게 식는다. 우리에게도 익숙한 상황은 아닐까?

여기서 구체적인 피드백이 없는 추상적이고 두루뭉술한 칭찬은 독이 되는 칭찬이다. 이런 칭찬은 그냥 형식적인 인사치레로 느껴질 수 있다. 따라서 구체적으로 어떤 점이 좋은지 짚어주는 것이 좋다. 예를 들면 '검은색은 도회적이고, 하얀색은 화사해 보여'라고 하는 것이다.

어차피 칭찬인데 그렇게까지 해야 하나 싶을 수도 있지만, 내가 칭찬을 받는다고 생각해 보면 이해가 될 것이다. 기껏 새 옷을 입고 나가거나 머리를 새로 했을 때 듣고 싶은 칭찬은 새 옷과 새 머리 스타일에 대한 것이다. 그런데 상대가 '다 예뻐', '너야 늘 예쁘지'라는 식으로 얘기하면 분명히 칭찬인데도 섭섭한 마음이 들기 마련이다.

마찬가지로 아이가 학교에서 그림을 그려와 엄마한테 보여줄 때 그냥 '너무 잘 그렸네'라고 말하는 것보다 좀 더 구체적인 방식이 좋다. "다양한 색깔을 써서 그리니까 그림이 풍성하고 재미있다." 이런 칭찬은 서로의 자존감을 높이는 약이 되는 칭찬이다.

진심이 아니면 억지로 하지 않는다

우리는 가식적인 칭찬과 진심 어린 칭찬을 어느 정도 눈치 챌 수 있다. 마음에 없는 칭찬은 오히려 역효과가 날 수 있기 때문에 내키지 않는다면 억지로 하지 않는 것이 좋다. 가식적인 칭찬을 하게 되면 상대는 자신을 놀리거나 비꼰다고 생각하게 되고 오히려 화를 내거나 분위기가 어색해지기도 한다. 마음에서 우러나는 칭찬은 약이고, 가식적이고 억지스러운 칭찬은 독이 된다. 진정성 있게 칭찬하기 위해서는 따뜻한 표정과 부드러운 목소리, 그리고 적절한 몸의 언어로 표현한다.

너무 과하지 않게 칭찬한다

칭찬을 할 때는 너무 과하지 않게 담백하고 적당하게 한다. 과잉 칭찬은 독이 되는 칭찬인데, 특히 아이들에게 그렇다. 아이가 학교에서 그린 그림을 보여줬을 때, "정말 네가 그린 거야? 천재가 아닐까? 미대에 보내야겠다!" 하는 식으로 과하게 띄워주면 나중에 신싸 자기 실력을 알게 됐을 때 자존감이 처참하게 깨진다. 이런 경험이 반복되면 칭찬을 해도 진짜라고 믿기 힘들어지고, '또 이러네,

나를 놀리는구나' 하고 받아들일 위험이 있다. 균형 있고 탄탄한 자존감을 위해서는 자신의 장단점을 객관적으로 파악하는 것이 좋기 때문에 칭찬은 솔직하고 적당하게 한다.

칭찬에 맞는 대화를 이어간다

듣기 테크닉에서 다루었던 유도 반응과 비슷하다. 구체적인 질문을 하면서 대화를 이어갈 수 있도록 판을 깔아준다. 예를 들어 '준비하던 시험에 붙었다며? 축하해, 정말 잘했다' 같은 칭찬으로 대화를 시작했으면, '어떤 식으로 공부한 게 효과적이었어?', '다음 계획도 세우고 있어?' 등 구체적인 질문으로 대화를 이어간다. 이렇게 대화가 계속되면 칭찬을 하는 사람과 받는 사람 모두 어색하지 않고 한층 관계가 가까워지는 느낌을 받을 수 있다.

상황에 맞게 칭찬한다

때와 장소, 상대방과의 관계를 고려해서 칭찬한다. 예를 들면 여자친구에게 '오늘 뒷모습이 너무 예뻐 보인다'고 말하면 칭찬이지만 여자 동료에게 무턱대고 이런 말을 하면 곤란해질 수도 있다. 특히 부하직원에게 하면 더욱 문제가 된다. 상황에 맞지 않는 칭찬은 독이 되는 칭찬이다.

사람보다 행동에 초점을 맞추어 칭찬한다

앞에서 비판을 할 때 사람과 행동을 분리해야 한다는 점을 이야기했다. 칭찬도 마찬가지다. 사람 자체가 아니라 그 사람의 행동에 초점을 맞추어 칭찬하는 것이 더 좋은 칭찬이다. 사람에 초점을 맞춘 칭찬의 예는 이렇다. "수학 100점 맞았네. 머리가 좋구나." 이런 칭찬은 별로 노력하지 않아도 좋은 머리를 타고 났다는 메시지를 줄 수 있고. 결과 지향적이기 때문에 자칫하면 독이 될 수 있다. 행동이 아닌 사람에 초점을 맞추어서 타고난 외모나 타고난 머리 같이 노력하지 않아도 주어지는 것을 칭찬하는 것은 노력의 가치와 과정의 중요성을 인정하지 않아 발전의 의지를 꺾을 수 있다. 사람보다 행동에, 결과보다 과정에 초점을 맞추어 '전보다 이런 점을 노력해서 좋은 결과를 냈구나'와 같은 방식이 약이 되는 칭찬이다. 가령 '지번 시험보다 수학 점수가 많이 올랐네. 틀린 문제를 계속 풀더니 효과가 있었구나'처럼 발전한 부분을 칭찬한다.

칭찬을 칭찬으로 받아들이는 법

칭찬은 기분 좋은 선물을 주는 것과 같다. 하지만 마음의 올가미에 걸려들게 되면 감사한 마음으로 기쁘게 칭찬을 받는 것도 힘들어진다. 수동적 연두부형은 칭찬을 받을 때 마치 폐를 끼친 것처럼 어쩔 줄 몰라 부담스러워하고 당황하기도 한다. 어떤 방식으로든 보답해야 한다는 압박을 느끼기도 한다. 이렇게 되면 상대방도 불편을 느끼고 분위기가 어색해질 수 있다. 칭찬받을 때 오히려 짜증을 내거나 비꼰다며 화를 내는 공격형 또한 상대방을 머쓱하게 만들기는 마찬가지다. 그렇다면 칭찬을 제대로 받으려면 어떻게 하는 것이 좋을까?

칭찬은
감사하게 받는다

당연한 말 같지만 생각보다 많은 사람들이 칭찬을 감사하게 받지 못한다. 어떤 점에서 그럴까? 선물을 주는 사람은 상대방이 기쁜 마음으로 받아주길 바란다. 칭찬도 마찬가지다. 예를 들어 오늘 부장님이 점심을 사주셨다고 가정해 보자. 지현은 죄송한 듯 부담스러워하는 반면 정 대리는 행복한 얼굴로 맛있게 잘 먹으면서 감사하다고 말한다. 그렇다면 부장님은 누구의 반응에 뿌듯한 마음이 들까?

칭찬이라는 선물을 주는 사람은 상대방이 미안해하기보다 고마워하며 기쁘게 받아주길 바란다. 칭찬을 받아들이는 것은 겸손이나 예의를 모르는 것이 아니다. 칭찬을 받을 때는 회피하거나 자신을 깎아내리지 않고 '고맙습니다. 저에게 큰 힘이 돼요'라고 말하는 것이 상대방에 대한 보답이 된다.

칭찬에 빚진 마음을
갖지 않는다

또한 칭찬을 받았다고 똑같이 갚아줘야 한다는 부담을 가질 필요는 없다. 칭찬을 받는 것은 빚지는 것이 아니다. 이런 압박감을 느껴서 마음에도 없는 칭찬으로 반응하면 오히려 역효과를 내고 분위기가 어색해질 수 있다.

대화를 이어가는 주제로 칭찬을 활용한다

'코트가 너무 잘 어울려요'라는 칭찬을 고맙게 받았다면, 칭찬의 내용으로 대화를 이어간다. "고마워요. 이번 크리스마스 세일 때 샀어요. 할인을 많이 하더라고요." 어색하게 화제를 돌리거나 칭찬이 무색하게 '아니에요, 할인하는 거라서 대충 샀어요'라며 스스로 깎아내리면 상대방의 '선물'에 대해 무관심하거나 부정한다는 뜻이 될 수가 있다. 칭찬을 활용해서 대화를 이어가면 분위기가 어색해지는 것이 아니라 오히려 소통이 원활해진다.

1. '잘했어, 고마워, 사랑해'라는 말을 하고 싶었지만 하지 못했던 경험이 있었는지 생각해 보자. 또 칭찬이나 애착을 표현하는 말을 들었을 때 당황하거나 불편했던 경험이 있었다면 어떤 상황이었는지 떠올려 보자.

2. 마음 다이어리를 통해 이 상황에서 느꼈던 감정과 그 이면에 숨어 있는 생각을 읽어준다. 내가 걸려든 마음의 올가미가 무엇인지 스스로 파악하기 힘들다면 체크리스트의 도움을 받아서 기록해 본다. 부정적인 생각과 감정을 읽어주었다면 이제 이런 상황에서 어떤 행동으로 반응했는지, 또 이러한 행동은 어떤 소통 유형에 해당되는지 생각해 보자.

3. 쉽게 실천하기 쉬운 상황부터 시작해서 익숙해지고 편안해질 때까지 난이도를 높여가며 단계적으로 칭찬하기와 칭찬받기를 연습한다. 가령 칭찬하기 연습을 하기에 가장 수월한 상대를 먼저 선정한 다음, 칭찬하는 법을 참고해서 언제, 어디서, 어떤 칭찬을 할지 계획을 세워 실천한다. 가장 쉬운 난이도에서 '1일 1칭찬하기'를 실천해 보고 횟수와 난이도를 점진적으로 높여 연습한다. 난이도별 연습을 통해 실력을 다지는 방법은 10장에서 좀 더 자세히 배워 보자.

10장

소통 기술의 간보기와 다지기

사랑은 기다립니다.

고린도전서 13장

한 걸음 물러났다 두 걸음 전진하며 다지기

따뜻하지만 단호하게, 친근하지만 만만하지 않게. 지금까지 휘둘리지 않고 나를 지키는 건강한 소통이 '무엇'인지 이해하고 '어떻게' 하는지 구체적인 방법을 배워 보았다. 또 마음 다이어리의 4가지 마법의 주문을 통해 나 자신과 소통하는 법을 이해하고, 건강한 소통을 방해하는 마음의 올가미도 짚어 보았다. 하지만 건강한 소통의 정의와 원리, 방법을 단계적으로 배웠음에도, 아직도 상처를 주고 상처를 받는 관계와 소통을 반복한다면 무엇이 문제일까?

그것은 머리로는 알지만 가슴으로 알지 못하기 때문이고, 이론적으로는 알면서도 행동하지 못하기 때문이다. 마음의 관성을 깨고 진정한 변화로 나아가기 위해서는 배움으로 그치는 것이 아니라 직접 경험하고 반복해서 연습해야 한다. 그렇지 않으면 온전히 내 것으로 만들 수 없다.

변화는 두렵고 서툴며 더딘 과정이다. 노력했지만 눈에 띄는 성과가 없을 때는 슬럼프에 빠지기도 한다. '어디서 어떻게 시작해야 할지 모르겠어요', '시작하기가 두려워요', '아무리 연습해도 나아지지 않아요'…… 많은 사람이 자기 돌봄과 변화의 과정에서 이런 고민을 토로한다. 그럼에도 불구하고 자신에 대한 믿음과 용기를 잃지 말고 묵묵히 마음에 물을 댄다면, 언젠가는 딱딱했던 봉오리가 봄을 잔뜩 머금고 부드러운 꽃잎을 터뜨리는 순간이 찾아올 것이다. 그렇다고 단지 희망을 가지고 노력하라는 아름다운 말들은 끝날 것 같지 않은 겨울을 견뎌내기에는 신기루 같이 느껴질 뿐이다. 용기를 내어 부딪쳐 보라고 하지만 무작정 부딪치면 깨지기만 할 것 같다. 용기를 잃고 숨는 자신에 대해서 더 절망하기도 한다. 그렇다면 나 자신을 격려하면서 꾸준하게 나아가는 것에도 구체적인 방법이 있지 않을까? 우리에게는 희망과 용기, 그 이상이 필요하다.

어디서, 어떻게 시작해야 할지 어려울 때

어린 시절 내가 살던 동네에서는 땅거미가 지고 나면 뒷골목

귀신 놀이를 하곤 했다. 아무렇지도 않게 뛰어 놀던 주택가의 뒷골목에 어둠이 깔리면 그곳은 온갖 귀신 이야기가 활개 치는 공포의 대상이 된다. 보이지 않고 통제할 수 없다는 불확실함은 익숙한 공간을 미지의 공간으로 둔갑시키고 두려움에 쉽게 자리를 내어준다. 뒷골목 귀신 놀이의 규칙은 아주 간단하다. 4, 5명의 아이들이 서로 손을 꼭 잡고 한 줄로 나란히 선다. 그러고는 목이 터져라 노래를 부르며 골목길 초입에서 점점 깊숙한 곳까지 전진한다. "용감하다, 용감하다, 귀신아, 나와 봐라!" 아이들은 서로에게 용기를 북돋우며 한 걸음 물러났다가 두 걸음 나아가는 걸 반복한다.

담력 테스트라고 불리기도 했던 아이들의 귀신 놀이에는 놀랄 만한 지혜가 담겨 있다. 아이들은 두려움을 대면하고 극복하기 위해서 조금씩 깊숙이 들어가는 단계적인 방식을 통해 처음에는 어렵지만 나중에는 익숙해진다는 것을 몸으로 배운다. 그리고 공포의 대상은 실상이 아닌 허상이었다는 것을 곧 깨닫게 된다.

변화를 시도하는 것도, 유지하는 것도 쉽지 않은 일이다. 또 회복과 극복의 과정에는 시간이 걸린다. 몇 십년간 할 말을 하지 못하고 살다가 갑자기 할 말을 하려면 어색하고, 두렵고, 서툴다. 그래서 우리는 자신을 기다려주지 못하고 조급함을 느낀다. 서툴고 느린 자신의 모습을 자책하고 몰아세우거나 강하게 자라야 한다며 내면의 아이를 골목길 한가운데 혼자 두고 가버린다. 어린 시절 뿌리치지 않고 서로 꼭 잡았던 손을 다시 내밀기 위해서는 유년의 지혜를 세심하고 체계적인 방식으로 다시 들여다볼 필요가 있다. 그것이 바로 '계단식 다지기 연습법'이다. 처음 수영을 배우는 사람을 태평양 한가운데 밀어 넣으면 실패할 수밖에 없는 것처럼, 소통 기술을 배울 때도 마찬가지다. 한 단계씩 마치 사다리를 올라가듯이 소통 기술을 익혀 보자.

1단계: 휘둘리기 쉬운 상황 파악하기

어떤 상황에서 우리는 휘둘리기 쉬울까? '언제, 어디서, 누구와, 무엇을' 할 때 특히 더 휘둘리는지 파악한 후 연습이 필요한 위기 상황을 10~15개 정도 추려낸다. 위기 상황이 잘 생각나지 않는다면 2가지 방법을 활용할 수 있다. 하나는 1장의 위기 상황 체크리스트를 통해 파악하는 것이고, 또 하나는 차곡차곡 모아두었던 마음 다이어리를 활용하여 아이디어를 얻는 방법이다. 부정적인 생각과 감정으로 휘둘릴 때마다 마음 다이어리를 기록해 두었다면 언제, 어디서, 누구와, 무엇을 할 때 휘둘리기 쉬운지 패턴을 파악하기 수월할 것이다. 이를 바탕으로 위기 상황을 간단한 목록으로 만든다. 이 리스트는 우리가 도전하고 반복해서 연습할 과제가 된다.

2단계:
다지기 사다리표 만들기

이렇게 추려낸 위기 상황을 난이도 순으로 나열한다. 난이도는 최소 30부터 최대 100까지로 한다. 이 수치는 각 과제에 도전할 때 얼마나 어려움과 불편함을 느끼는지 표현하는 주관적인 지표이며 불안의 정도를 나타내기도 한다. 그렇다면 지현을 예시로 해서 어떻게 다지기 사다리표를 만들 수 있는지 살펴보자. 가령 지현은 상사에게 회식에 갈 수 없다고 말하는 것은 난이도가 60이라고 느끼지만 자꾸 개인사를 물어보는 동료에게 묻지 말아 달라고 요구하는 것은 난이도가 좀 더 높은 70이라고 느낀다. 만약 60과 70사이의 난이도에 해당하는 과제가 있다면 65 정도로 표시하면 된다.

사다리표를 작성할 때는 주의해야 할 점이 있다. 첫째, 난이도는 과제 수행 전에 예상하는 주관적인 정도를 수치로 나타내는 것이기 때문에 정확하지 않아도 되고 정확할 수도 없다. 이렇게 임의의 숫자를 매기는 것은 큰 부담 없이 시작할 수 있는 쉬운 과제부터 단계적으로 도전하기 위해서이고 과제 수행 전에 느끼는 불안감이 과제 수행 중과 후에는 어떻게 변화하는지 비교해 보기 위해서이다. 막상 과제를 수행하게 되면 예상했던 것보다 더 쉽거나 반대로 더 어렵게 느껴질 수도 있기 때문에 언제든지 수정할 수 있다.

난이도	다지기 과제	과제 수행 후 덧붙일 내용
95	엄마가 감당하기 힘든 금전적인 부탁할 때 거절하기	
90	통화하면서 자꾸 읍박지르거나 섭섭해하는 엄마에게 속상하니 하지 말라고 하기	
	남과 비교하며 비난하는 엄마에게 단호하게 대응하기	
80	동생이 돈 빌려달라고 할 때 거절하기	
70	자꾸 개인사를 물어보는 동료에게 묻지 말라고 하기	
65	팀 동료에게 역할 분담 요청하기	
	친구의 말에 기분 상했을 때 부정적인 감정 표현하기	
60	상사에게 회식에 갈 수 없다고 말하기	
	아플 때 병가 신청하기와 연차 신청하기	
	친구와의 약속 취소하기	
55	윗집에 밤 10시 이후 소음에 주의해 달라고 말하기	
	친구에게 퇴근길에 책 반납해 달라고 부탁하기	
50	해외 출장 갈 때마다 면세점 쇼핑을 대신해 달라는 고모의 부탁 거절하기	
	동료에게 업무에 관해 모르는 것 물어보기	
40	억지로 먹고 있는 건강식품 배달 끊기	
	자선단체 기부 줄이기	
30	길거리에서 나눠주는 홍보물 거절하기	

둘째, 다지기를 할 때 가장 쉬운 과제는 난이도 0이 아닌 30부터 시작한다. 이미 큰 어려움 없이 할 수 있는 과제는 굳이 연습할 필요가 없기 때문이다. 자신감은 적절한 수준의 시련을 단계적으로 극복하면서 쌓는 것이다. 다지기 연습법은 심리적 안전지대로부터 벗어나 '적당히' 불편한 곳에서 시작해 연습을 통해 익숙해지는 것을 목표로 한다. 여기서 난이도 30이 바로 '적당하게 불편한 지점'이다.

3단계:
쉬운 단계부터 반복 연습하기

4장에서 다루었던 위기 상황은 지현이 동창들과 술자리를 하던 중 수영이 한 말에 속상했던 일이었다. 회사 생활이 너무 힘들고 인정받지 못한다며 앓는 소리를 했을 때, "혹시 밉보이거나 만만하게 보여서 그런 거 아니야? 사내 정치도 중요한데 넌 그런 걸 잘 못하잖아"라고 수영이 대답하며 위로가 아닌 지적하는 말을 했던 것이다.

크게 마음이 상한 지현은 수영을 만나 그때 자기가 얼마나 속상했는지 할 말을 해야겠다고 다짐했다. 하지만 '친구의 말에 기분 상했을 때 부정적인 감정 표현하기'는 지현의 사다리표에서 난이도 65의 과제이다. 아직 부담감을 느끼는 지현은 다소 쉽게 시작할 수 있는 난이도 30의 과제, '길거리에서 나눠주는 홍보물 거절하기'부터 실천하기로 마음먹었다.

드디어 첫 번째 과제 '길거리에서 나눠주는 홍보물 거절하기'를 실천하는 날, 지현은 퇴근길에 지하철 근처 홍보 부스를 지나가며 거절을 반복해서 연습한다. 일주일 동안 매일 과제를 연습한 뒤, 지현은 처음에는 불편하지만 곧 익숙해진다는 것을 깨닫고 이 과제의 난이도가 20으로 떨어졌다고 느낀다.

해당 과제의 난이도가 30 미만으로 떨어지고 익숙해졌다고 느껴지면 다음 과제에 도전한다. 지현의 다음 과제는 난이도 40에 해당하는 건강식품 구독 끊기와 자선단체 기부 줄이기다. '미안해서' 거절을 못했던 지현은 빠듯한 월급에도 벌써 3군데의 자선단체에 기부를 하고 있고, 내키지 않는데도 등 떠밀려 구독하게 된 건강식품이 집에 쌓여 있다. 처음에는 난이도가 40일 거라고 예상했지만 막상 시도해 보니 30 정도로 느껴진다.

이 과제에도 익숙해진 지현은 다음 과제에 도전한다. 난이도 50의 과제는 '해외 출장 갈 때마다 면세점 쇼핑을 대신 해 달라는 고모의 부탁 거절하기'이다. 더 자주 보고 좀 더 친밀한 이모의 부탁이었다면 난이도가 60이었을 테지만 고모의 부탁은 50으로 결정했다. 이런 식으로 마치 사다리를 타고 올라가는 것처럼 차례로 다음 단계에 도전한다.

과제를 실행한 후 배운 점이 있거나 개선할 점이 있다면 '과제 수행 후 덧붙일 내용' 칸에 적는다. 가령 난이도 30의 과제를 처음 시도해 본 후, 지현은 불안 수치를 과제 수행 전과 중, 그리고 후로 나누어 기입해 보았다.

30	길거리에서 나눠주는 홍보물 거절하기	과제 수행에 대한 불안 수치 * 수행 전: 30% / 수행 중: 20% / 수행 후: 10 % 1. 과제 수행 직전에 가장 불안 수치가 높았고 수행 중에는 감소하다가 수행 후에는 불안이 해소되었다. 2. 행동으로 옮기면 오히려 불안이 줄어든다는 것을 배웠다. 3. 나도 생각보다 거절을 잘할 수 있을 것 같다.

그녀는 거절에 대한 불안감이 통제 불능 상태로 끝없이 치달을 것 같았지만 막상 행동으로 옮겼을 때 불안감이 오히려 줄어들고 곧 안정된다는 것을 배웠다. 또한 자신도 생각보다 거절을 잘할 수 있다는 자신감이 생겼다. 한 번으로 그치는 것이 아니라 같은 과제

를 익숙해질 때까지 반복하면서 지현은 꾸준히 자신감을 '적립'하기 시작했다.

다지기 연습에서 주의할 점

다지기를 할 때는 몇 가지 주의할 점이 있다. 첫째, 단계를 건너뛰지 말고 차근차근 수행하고 익숙해질 때까지 충분히 연습해야 한다. 난이도 30의 과제가 난이도 20으로 떨어진 다음 곧바로 난이도 60이나 70의 과제로 점프하지 말고 바로 다음 단계의 과제를 수행한다.

둘째, 반복하기 어려운 상황을 다룰 때는 난이도가 같은 다른 과제나 유사한 상황을 하나의 그룹으로 묶어 반복 연습한다. 가령 고모의 면세점 쇼핑을 거절하는 상황은 연습을 위해 일부러 해외 출장 횟수를 늘이거나 고모가 부탁하는 상황을 억지로 유도하기는 힘들다. 이럴 경우 같은 난이도 50으로 분류된 과제인 '동료에게 업무에 관해 모르는 것 물어보기'를 연습한다.

셋째, 자신을 위기 상황에 노출시키는 각 단계에서 '적절한 양의 불안감'은 필수라는 점을 인지한다. 많은 사람들이 심리치료에 대해 흔히 떠올리는 전형적인 이미지는 소파에 앉아 편안하게 이야기를 나누는 장면일 것이다. 하지만 인지행동 심리치료는 편안한 위로에 머물지 않고 다소 불편한 과정을 포함한다. 상처의 민낯을 대면하기 위해서 치료 과정에서 치밀하고 체계적인 계획을 통해 어느 정도의 불편함을 단계적으로 극복할 수 있도록 유도한다. 이 과정은 변화에 대한 내담자의 적극적인 의지와 참여가 필요하기 때문에, 인지행동 심리치료는 '말로 하는 치료(talking therapy)'가 아니라 '행동하는 치료(doing therapy)'에 가깝다. 이 점을 유념해서 주변에 도움을 요청하고 자신을 충분히 격려하면서 다지기를 한다. 또 작은 성취에 대해서도 보상해주는 방식으로 스스로 동기를 부여하는 것이 필요하다.

첫걸음을 떼기 어렵다면 살짝 간보기

'시작이 반이다'라는 말처럼 뭐든지 처음이 어렵기 마련이다. 때로는 다지기에 진입하기도 전에 실패할까 봐 겁을 먹기도 한다. 다지기 사다리표를 타고 올라가는 과정에서 다음 도전이 두려워 포기하고 싶은 순간도 찾아온다. 오랫동안 할 말을 하지 못하고 휘둘리며 지내온 만큼 '정말 말해도 괜찮을까' 하는 걱정이 몰려온다. 이때 '난 할 수 있어. 용기를 내' 하고 마냥 자기최면을 걸고 스스로 등을 떠밀면 되는 것일까?

걱정과 두려움은 물리치거나 이기는 것이 아니라 안고 가는 것이다. 무조건 '할 수 있다', '화이팅' 하며 긍정의 목소리만 낸다고 힘이 나지는 않는다. 이때는 오히려 걱정과 두려움이라는 내면의 소리를 충분히 경청하고 그 실체를 들여다보는 것이 중요하다. '그렇구나, 걱정되고 두려운 마음이 드는구나. 그렇다면 정말 괜찮은지 한 번 시험해 볼까?' 이렇게 자기 안의 겁먹은 아이를 달래주고 공감해준다.

좋아하지 않는 음식이나 먹어 본 적 없는 요리를 먹는다고 생각해 보자. 혹은 한 번도 요리한 적 없는 메뉴를 처음 만들었다고 생각해 보자. 접시에 담긴 음식을 보고 있자니 무슨 맛이 날지 몰라 겁이 난다. 내가 싫어하는 맛이면 어떡하지? 너무 짜거나 쓰거나 시지는 않을까? 이럴 때는 한 입 크게 먹는 대신 살짝 간을 본다. '다지기 연습'도 마찬가지다. 여전히 걱정이 앞서고 시작이 두려울 때, '간보기'로 시험해 본다면 두려움의 짙은 그늘에도 호기심의 별이 들기 시작한다. 그렇다면 용기 내서 두려움을 대면하라며 자신의 등을 떠미는 대신, 안고 가는 것은 '어떻게' 하는 것일까?

1단계:
소통 레시피 계획하기

걱정과 두려움으로 피하고 싶은 과제가 있다면 구체적으로 누구와 무엇을 언제 어디서 어떻게 소통할지 계획을 세운다. 5장에서 '단호박형 말하기'에 대해 설명하면서, 상황에 따라 따뜻함과 단호함을 각각 5스푼씩 넣는 것이 효과적일 수도 있지만 따뜻함 2스푼에 단호함 8스푼이 최고의 맛을 끌어내는 경우도 있다고 언급했다. 지금까지 다루었던 소통의 기본 테크닉과 응용 테크닉을 활용하여, 위기 상황에 따라서 무슨 메시지를 어떻게 전달할 것인지 최선의 소통 레시피를 계획한다.

지현에게 '친구가 한 말에 기분이 상했을 때 부정적인 감정 표현하기'는 난이도 65의 과제이다. 이 단계의 과제를 수행하기에 앞서 지현은 낮은 난이도의 과제부터 차근차근 사다리를 타고 올라왔다. 그리고 드디어 수영에게 차분하게 할 말을 할 준비가 된 것 같다.

지금까지 이런 상황에서 지현이 반복해온 기존의 레시피는 '쿨한 척 웃어넘기기'라는 수동적인 소통 방식이다. 수영을 다시 만나기로 한 지현은 어떤 소통의 레시피를 계획했을까? '언제, 어디서, 누구에게, 무엇을, 어떻게 할 것인가?' 하는 질문에 따라 소통 레시피를 계획할 수 있다(316쪽 참고).

수동적인 소통 방식이 아닌 새로운 소통 레시피를 실행한다고 해서 작정하고 쏟아내거나 은근한 '사이다 반격'을 하는 것은 건강한 소통이 아니다. 지현이 '도대체 왜 그랬니?' 하고 따지게 되면 수영은 '왜냐하면'이라는 말로 이유를 대며 방어 태세를 취하게 된다. 수영의 말을 공격으로 받아들인 지현이 '나 사내 정치 못하지 않아, 나 회사에서 만만하게 굴지 않아'라고 말하며 자신을 방어하는 데

소통 레시피 계획하기(언제, 어디서, 누구에게, 무엇을, 어떻게 할 것인가?)
토요일 2시에, 대학로 카페에서, 수영이에게, 지난번에 한 말에 대해, 무슨 뜻이었는지 묻고 그 말 때문에 마음이 아프고 속상했으니 앞으로는 그런 상황에서 조언보다는 위로를 해달라고 요청한다.
소통 레시피 작성하기(기존 소통 습관 → 새로운 대안)

① 기존 레시피

쿨한 척 웃어넘기기, 화제 돌리기, 감정을 표현하지 않고 억누르기, 변명하며 자리 피하기, 상대와 소통 단절하기

② 새로운 레시피

따뜻하고 단호한 태도로 말하기, '잠깐' 쉼표 찍고 되묻기, 한 번 꺾고 말하기, '나'를 주어로 감정/생각/요구 말하기

* **준비 과정** 여유 있는 시간, 카페에서 수영이를 만나 가벼운 일상 이야기를 먼저 시작한다.
* **1단계**: 바로 반응하지 않고 '잠깐!' 쉼표 찍고 되묻기(8장 참고)
  "수영아, 그때 그 말 무슨 뜻이었어?"
* **2단계**: 상대의 말을 부분적으로 인정하면서 한 번 꺾고 할 말하기(8장 참고). 이때 따뜻하고 단호한 '건강한 단호박형' 태도로 말한다(2장 참고).
  "네 말 맞아, 사내 정치도 중요하지(한 번 꺾기: 원론적인 부분 인정). 내가 자신 없는 부분이기도 하고(한 번 꺾기: 내용의 부분 인정)."
* **3단계**: '나'를 주어로 [감정+생각+요구] 말하기(5장 참고)
  "그런데 나는 그 말이 너무 속상했어('나'를 주어로 감정 표현하기). 안 그래도 뭐 하나 잘 풀리는 게 없어서, 내가 부족하고 나만 문제라는 자책을 많이 했었거든('나'를 주어로 생각 말하기). 너도 나 잘되라는 마음에 조언하는 건 알지만, 지금 나한테는 위안이 필요해('나'를 주어로 요구하기)."

급급하게 되는 것도 문제가 된다. 지현이 정말 만만한지 아닌지에 대한 진실 공방으로 대화의 무게 중심이 이탈하게 될 수 있기 때문이다. 또 '사내 정치보다 진짜 실력과 노력이 더 중요하지'라는 식의 토론 또한 지현의 속상했던 감정을 표현한다는 주제를 이탈하여 진심을 전달하지 못하고 대화가 겉돌게 된다. 새로운 레시피는 '나'를 주어로 하는 문장으로 감정, 생각, 요구를 담아 마음을 전달한다(316쪽 표 참고).

2단계:
걱정과 두려움 들여다보기

이때까지 지현이 수동적인 태도로 일관하며 할 말을 하지 못했던 이유 중 하나는 할 말을 했을 때 일어나는 일에 대한 걱정과 두려움 때문이다. 새로운 소통 레시피를 시도할 때 두려움을 느끼는 것은 당연하다.

걱정과 두려움의 실체를 들여다보기 위해서 간보기 2단계에서는 자신의 마음을 읽어준다. '새로운 레시피대로 행동한다면 어떤 두려운 일이 일어날까?' 이 질문에 대한 대답을 생각나는 대로 모두 적어 보는 것이다.

걱정과 두려움 들여다보기: 할 말을 하는 것이 두렵다면 어떤 걱정이 있는지 적어 보자.
제대로 말을 못하면 어떡하지? 너무 긴장하면 어떡하지? 내가 감정 조절을 못해서 흥분하거나 폭주하면 어쩌지? 사람들이 이상하게 쳐다보면 어떡하지? 상황이 어색해지면 어떡하지? 어색한 상황을 수습하지 못하면 어떡하지? 수영이가 너무 속상해하면 어떡하지? 내가 속이 좁고 예민하다고 생각하면? 수영이가 화내거나 따지면? 내가 말문이 막히고 당하기만 하면? 수영이와 절교하거나 영영 어색한 사이가 되진 않을까……

지현의 머릿속을 들여다보면 걱정은 꼬리에 꼬리를 물고 점점 더 극단적으로 빠져 결국 최악의 시나리오를 쓰게 되는 패턴을 보인다. 이때 행동하지 않고 머릿속에서 걱정만 반복해서 재생하면 상상이 현실처럼 느껴지고 비극 소설이 다큐멘터리가 되기도 한다.

우리가 음식의 간을 볼 때, 각자 주관적인 기준에 따라 너무 짜다고 생각하는 사람이 있는가 하면 맛이 괜찮다고 생각하는 사람도 있을 것이다. '이 정도면 괜찮다'라는 결론을 내릴 만한 표준이 없기 때문이다. 소통의 레시피도 마찬가지다. 걱정했던 일이 실제로 일어나는지 확인하려면, 간보기로 테스트한 결과를 최대한 객관적으로 관찰할 수 있는 적절한 기준이 필요하다.

그렇다면 '수영이가 속상해하면 어떡하지?'라는 걱정을 살펴보자. 지현은 이렇게 될 확률이 80퍼센트 정도라고 강하게 믿고 있다. 하지만 수영이 정말 속상해하는지 어떻게 알 수 있을까? 이런 걱정이 마음에 가득 차 눈치를 보는 상태에서는 상대의 작은 변화만 감지되어도 자신의 '촉'이 맞았다고 결론짓는 부정 편향적인 사고를 하기 쉽다. 이럴 때는 상대의 감정을 지레 짐작하지 말고 속상할 때 상대가 어떤 구체적인 말과 행동을 보이는지 풀어 쓰는 것도 도움이 된다. "수영이가 속상해할 때는…… 갑자기 풀 죽은 표정으로 변하고 시선을 계속 피한다거나 말이 없어지겠죠." 이런 경우에는 '수영이가 속상해하면 어떡하지?' 옆에 괄호를 열어 속상함의 감정을 표현하는 구체적인 말과 행동의 예를 덧붙인다.

3단계:
간보기 결과 관찰하기

과연 지현이 걱정했던 일은 실제로 일어났을까? "수영이는 제가 힘들다고 해서 힘내라고 한 말인데 실수했다고 말했어요. 상처 줄 생각은 없었다며 사과했죠. 위로해주고 토닥여주었어요." 또 수영의 말수가 줄어들고 약간 쳐진 표정과 자세를 보이긴 했지만 걱정한 것과는 달리 따지고 들거나 시선을 피하지 않았고, 급히 자리를 뜨지도 않았다고 했다. 이렇듯 간을 보고 결과를 관찰할 때는 주관적인 의견은 최대한 배제하고 객관적으로 관찰한다. 이런 식으로 나머지 걱정에 대한 실제 결과는 어땠는지도 관찰하여 보자.

결과 관찰하기: 걱정했던 일이 일어났을까? 걱정에 대한 결과를 관찰하고 적어 보자.
수영이가 속상해하거나 화를 내지 않을까 걱정했는데 그런 일은 일어나지 않았다. 내가 힘들다고 해서 힘내라는 뜻에서 한 말이었고, 상처 줄 생각은 아니었다고 사과했다. 말수가 줄어들고 약간 쳐진 표정과 자세를 보이긴 했지만 시선을 피하거나 따지고 들지 않았고 자리를 뜨지도 않았다.

4단계:
간보기 결과 해석하기

간보기의 마지막 단계는 3단계의 객관적인 결과를 주관적으로 해석하여 결론을 내리는 것이다. 간보기의 경험을 통해서 무엇을 배웠는지 되돌아보기 위해 다음 4가지 질문에 대답해 본다.

① 내가 걱정했던 상황이 실제로 일어났을까? 그렇다면 나의 걱정에 대해 배운 점은 무엇인가?
② 두려움에 대해서 배운 점은 무엇인가? 간보기 전, 간보기 중, 간보기 후에 불안감의 수치는 어떠했는지 적어 보자(예시: 전 65%, 중 40%, 후 20%).
③ 나 자신에 대해 새로운 발견을 했다면 무엇인지 적어 보자. 이번 경험을 통해 나의 대응 능력에 대해 배운 점은 무엇인가?
④ 그 외에 배운 점이 있다면 적어 보자.

결과 해석하기: 이 결과를 어떻게 해석할 수 있을까?.

1. 내가 걱정했던 상황이 실제로 일어났는가? 그렇다면 나의 걱정에 대해 배운 점은 무엇일까?

걱정했던 상황은 거의 일어나지 않았다. 내가 걱정한 일이 모두 일어날 확률은 낮은 것 같다. 실제보다 머릿속에서 상상했던 내용이 훨씬 더 비관적일 수 있다는 것을 배웠다.

2. 두려움에 대해서 배운 점은 무엇인가? 과정별 불안감의 변화는 어떠했나?

간보기 전 80% / 간보기 중 70~30% / 간보기 후 30% (최대 100%)

말을 꺼내기 직전에는 불안감이 80%까지 치솟았다. 하지만 막상 대화를 시작하면서 70%가 되더니 수영이가 사과하고 안아주었을 때 30%까지 줄어들었다.
불안은 불편한 상황을 피하지 않고 대면할 때 오히려 줄어든다는 것을 배웠다. 불안은 계속 올라가기만 하는 것이 아니라 소폭 감소 후 안정되거나 내려갈 수 있다는 것을 배웠다. 같은 과제를 매번 반복할 때마다 불안감이 조금씩 줄어드는 경험을 했다.

3. 나 자신과 나의 대응 능력에 대해 배운 점은 무엇인가?

잠깐 어색했지만 감당할 만했고 잘 대응했다. 나도 침착하게 할 말을 할 수 있지만 그동안 자신에게 배움의 기회를 주지 못했던 것 같다. 불편한 감정 표현이라도 표현할 수 있다는 자신감이 생겼다(10%에서 35%로 '자신감 포인트' 적립).

4. 그 외에 배운 점이 있다면?

무조건 참는 것이 해답은 아니라는 것을 배웠다. 마음을 표현하면 관계가 오히려 돈독해질 수 있고 내가 몰랐던 상대방의 숨은 장점을 발견할 수도 있다. 수영이의 따뜻한 면을 발견했고 앞으로 더 열린 마음으로 친구를 대하고 싶다

지현은 말했다. "걱정했던 일은 대부분 일어나지 않았어요. 상황이 잠깐 어색해지긴 했지만 머릿속의 최악의 시나리오까지는 아니고 감당할 만한 정도였죠. 행동하지 않고 걱정만 하면 걱정이 걷잡을 수 없이 불어나는 것 같아요. 수영이를 만나기 전에는 두려웠는데, 막상 이야기를 시작하고 나니 점점 진정되는 것을 느꼈어요. 저도 생각했던 것보다는 침착하게 잘해낼 수 있다는 자신감이 조금 생기네요. 조금 더 단단해지는 것 같아요. 그리고 참는 것만이 능사는 아닌 것 같아요. 내 마음을 건강하게 표현할 때 오히려 관계가 돈독해질 수도 있다는 걸 깨달았어요. 수영이도 생각보다 더 따뜻한 면이 있다는 걸 알게 되었고요."

새롭게 도달한 결론은 우리 자신과 관계, 그리고 삶에 대한 새로운 발견이 될 수도 있다.

문제가 생겼을 때는 오답노트로 나아가기

여기서 한 가지 질문이 생긴다. 만약 간보기의 결과가 이렇게 훈훈하게 끝나지 않는다면? 간을 봤는데 걱정했던 대로 요리를 망쳐버린 것 같다면 어떻게 할까? 이때 망쳐버린 것 같다는 주관적인 해석이 문제라면 그 생각을 다시 들여다볼 필요가 있고, 음식이 다 타버린 경우처럼 정말 망쳐버린 것이 객관적인 사실이라면 시행착오를 통해 배우는 것이 중요하다. 실수를 하는 것도 요령이 필요하다. 이때 필요한 것이 '오답노트'이다. 첫발을 떼기 힘들 때 시험해 보는 것이 간보기라면, 문제가 생겼을 때 '무엇을 어떻게 해결할까?' 하고 되돌아보는 것은 오답노트이다.

누구나 학습지를 풀어 본 기억이 있을 것이다. 실력이 늘기 위해서는 문제 풀이를 반복하는 것뿐만 아니라 실수를 통해 배우는 오답노트를 꼼꼼히 작성하는 것도 중요하다. 그렇지 않으면 같은 실수를 반복하면서 실력이 늘지 않아 좌절하고 포기할 수도 있다.

간보기의 결과가 부정적이었다면 먼저 어떤 문제점이 있었는지 점검해 본다. 상황 설정과 새로운 레시피는 적절했는지, 걱정하고 두려워한 내 마음을 충분히 읽어주었는지, 실행에 옮길 때 나도 모르게 기존의 레시피대로 즉각 반응해 버리지는 않았는지, 관찰 가능한 결과를 객관적으로 관찰했는지, 그리고 그 해석은 적절했는지 살펴본다. 각 단계에서 수정할 부분이 있다면 다음번의 간보기에 반영하여 시행착오를 통해 배울 수 있도록 스스로를 격려한다. '역시 난 안 돼'라는 생각에서 '어떻게 다시 문제를 풀어볼까'라는 생각으로 전환하기 위해 오답노트 활용법을 배워보자.

1단계:
마음 읽어주기

간보기의 결과가 부정적일 때는 마음을 괴롭히는 부정적인 생각과 감정을 먼저 읽어준다. 지현은 레시피대로 침착하게 수영에게 마음을 전달했지만 상황은 여의치 않았다. "그때 말하지 않고 왜 이제 와서 이러니? 왜 이렇게 예민해? 내가 나무란 것 같이 얘기하고. 넌 항상 착한 척, 당한 척하면서 나만 나쁜 사람으로 몰아가더라." 수영은 이렇게 쏘아붙이곤 집으로 가버렸다. 지현이 걱정했던 일이 벌어지고 만 것이다.

때로는 이렇게 내 마음대로 되지 않을 때도 있다. 이럴 때 더욱 움츠러들면서 부정적인 생각으로 자신을 괴롭히기도 한다. '그냥 나만 참으면 되는 건데' 하는 생각으로 후회하거나 '나 때문에 수영이가 상처받았어'라고 자책하면서 죄책감을 느끼기도 한다. '넌 할 말 안 할 말 다 하면서 나한테는 뭐라고 하다니 이기적이야'라고 원망하면 분노를 느끼고, '역시 난 안 돼'라고 생각하면 좌절감을 느낀다. 또 '친구를 잃었구나'라고 생각하면 슬픔과 상실감을 느끼기도 한다. 이런 생각과 감정을 모두 오답노트에 기록한다. 오답노트 1단계의 마음 읽어주기는 앞서 배웠던 마음 다이어리에서 상황, 생각, 감정을 읽어주는 일부 과정과 동일하다.

① 상황 읽어주기

상황: 간보기의 결과가 부정적일 때 언제, 어디서, 누구와, 무슨 일이 있었는지 상황을 객관적으로 묘사해 보자.
토요일 오후에 카페에서 수영이와 만나 지난 번 술자리에서 했던 말에 대해 어떤 뜻이었는지 최대한 차분하고 담담하게 말했다. '안 그래도 내가 잘못하고 있는 게 아닌가 생각했는데 너까지 그런 말을 하니 비록 좋은 의도였을지 몰라도 나는 마음이 아프고 속상했다, 그럴 때는 조언보다는 위로를 해주면 좋겠나'는 이야기를 했다 수영이가 내 말에 공감하고 이해해주길 바랐는데, 수영이는 짜증을 내면서 '왜 이제 와서 이런 말을 하냐, 네가 예민하다'라고 하고는 나가버렸다.

② 감정 읽어주기

감정: 그때 기분이 어땠는지, 얼마나 힘들었는지 감정을 들여다보자.

1. 마음의 신호인 감정과 몸의 감각에 집중해서 감정의 이름을 불러주고 그 정도를 측정해 본다. 감정 단어 사전을 참고하거나 몸의 반응에 집중에 감정 단어를 찾는다.

감정 1 당황 80% **감정 2** 창피 70% **감정 3** 후회 75%
감정 4 죄책감 90% **감정 5** 분노 70% **감정 6** 불안 80%
감정 7 슬픔 65%

2. 나의 감정을 가장 가깝게 표현하는 색을 골라 각 수치를 그래프에 칠해 보자.

3. 몸의 어느 부위에서 어떤 반응을 느꼈는가? 각 부위에서 일어나는 반응에 세심하게 주의를 기울여 보고 어떤 감정이 관련 있는지 연결해 보자.

몸의 반응 1 식은땀이 나고 온몸이 얼어버리는 듯한 느낌 : 당황
몸의 반응 2 내 자신이 작아지면서 귀와 얼굴이 달아오르는 느낌 : 창피
몸의 반응 3 한숨이 새어나오면서 가슴에서 공기가 빠지는 느낌: 후회
몸의 반응 4 명치에 돌을 올려둔 것처럼 무겁게 짓누르는 느낌: 죄책감
몸의 반응 5 뒷목이 뻣뻣해지고 혈압이 오르는 듯한 느낌 : 분노
몸의 반응 6 입안이 바짝바짝 타며 마르는 듯한 느낌: 불안
몸의 반응 7 코끝이 찡하고 목이 메는 것처럼 울컥하는 느낌: 슬픔

③ 생각 읽어주기

생각: 그렇게 느꼈을 때 어떤 생각이 떠올랐는지 적어 보자.
감정 뒤에 숨어 있는 생각을 읽어주기 위해서 서두르지 않고 마음의 소리를 경청하고 기록한다. **생각 1:** 원치 않은 상황이 갑작스럽게 벌어져 어떻게 해야 할지 모르겠다. **생각 2:** 주위에서 이상하게 볼 것 같다. **생각 3:** 평소대로 그냥 넘어갔으면 됐을 텐데 괜히 말한 것 같다. **생각 4:** 수영이가 상처받은 건 다 나 때문이라는 생각이 든다. **생각 5:** (자기 탓) 내가 이래서 친구가 없지, 내가 나빴다 하는 생각이 든다. **생각 6:** (남 탓) 수영이가 잘못한 점도 있으면서 내 탓만 한다. 이기적이다. **생각 7:** 앞으로도 계속 수영이가 날 나쁘게 보고 완전히 연락을 끊을 것 같다. **생각 8:** 오래 알고 지난 친구인데 우리 우정이 끝났다는 생각이 든다. * 이 외의 생각도 모두 적어 보자. 의문형이나 감탄형 등은 평서문의 형태로 전환한다.

2단계:
5가지 질문하기

자신의 생각과 감정을 읽고 적어 보았다면 이제 그중에서 가장 내 마음을 괴롭히는 생각 하나를 선택한다. 지현을 가장 괴롭히는 생각은 '다 내 탓이야, 나 때문에 수영이가 상처받았어'라는 생각이다. 그렇다면 이 생각은 모두 맞는 것일까? 다 맞거나 일부 맞더라도 이것은 얼마나 도움이 되는 생각일까? 다음 5가지 질문에 천천히 답해 보고 오답노트를 만들어 보자.

① **타당성** 수영이가 상처받은 것은 모두 내 탓이고 그 감정을 내가 책임져야 된다는 생각은 정말 타당할까? 정말로 모두 내 탓이라면 그 이유는 무엇이고, 아니라면 또 그 이유는 무엇일까? 내 생각에 오류가 있진 않을까? 내 생각이 항상 옳고 옳아야만 하는 것은 아니다. 때로는 내 생각이 틀렸을지도 모른다. 그렇다고 내가 틀린 사람이 되는 것은 아니다. 만약 수영이의 감정에 대한 책임을 나누어 가진다면 내 행동에는 과연 몇 퍼센트의 책임이 있는지 숫자로 적어 보자.

② **효용성** 정말 수영이가 상처받은 것이 모두, 혹은 일부 내 탓이라는 생각이 맞는다고 가정하자. 그렇다면 이런 생각을 붙잡고 곱씹는 것은 내게 얼마나 도움이 될까? 계속 이렇게 자책한다면 앞으로의 내 생각과 감정, 행동에 어떤 영향을 주게 될까? 이 생각은 지금부터 할 말을 하고 건강한 관계를 만들어 가는데 얼마나 도움이 될까? 또 나의 삶의 질은 어떤 영향을 받게 될까? 이러한 생각에 따라 지불해야 할 '기회비용'을 고려해 볼 때 과연 이 생각은 붙잡고 있을 만한 가치가 있을까?

③ **입장 바꾸기** 우리는 종종 다른 사람에게는 훌륭한 조언자가 되지만 자신의 문제는 어려워한다. 다른 친구가 나와 똑같은 상황

에 처해서 나처럼 자책하고 있다고 가정해 보자. 나는 그 친구에게 무슨 말을 해줄 수 있을까? 이런 말을 나 자신에게도 해줄 수 있지 않을까?

④ **조감도** 높게 날아 넓게 보는 새가 되어 보자. 멀찍이 떨어져서 높은 시야에서 바라보며 전체적인 문맥을 고려한다면 이 상황을 어떻게 바라볼 수 있을까? 앞뒤를 자르고 수영이가 화내며 돌아선 상황만 따로 분리해서 보는 것과 전체적인 흐름과 배경을 파악하는 것은 차이가 있다. 수영이가 화를 내고 돌아선 행동에는 다른 이유가 있을지도 모른다. 이때 모두 내 책임이라는 해석이 아니라 다른 해석의 여지가 있지는 않을까?

⑤ **순간 이동과 타임머신** 때와 장소가 달랐다면 과연 '모두 내 탓이며 내가 나빴다'는 생각을 했을까? 70대가 된 나는 여전히 타인의 감정은 모두 내 탓이고 내가 책임져야 한다는 생각을 할까? 그렇다면 70대의 내가 30대의 나에게 해줄 수 있는 말은 무엇일까? 이런 수동적인 행동은 상처받은 여섯 살이 폐쇄적인 가족 관계 안에서 '모두 내 탓이야. 내가 나쁜 아이야'라며 자책하던 습관을 30대에도 똑같이 반복하고 있는 것은 아닐까? 그렇다면 30대의 내가 여섯 살의 나에게 해줄 수 있는 말은 무엇일까? 그때 거기서 맞았던 것이 지금도 맞는 것일까? 그리고 지금 여기에서 맞는다고 생각하는 것이 앞으로 다른 곳에서도 항상 맞는 것일까?

생각 따져보기: 가장 마음을 괴롭히는 생각은 무엇인지 골라서 적어 보자.
수영이가 상처받은 것은 다 나 때문이다.
5가지 질문에 하나씩 답해 보면서 이 생각이 얼마나 타당하고 도움이 되는 생각인지 따져 보자.

① 타당성

이 생각은 100% 옳아. 왜냐하면……

* 수영이는 걱정해서 한 말이었지만 내가 사소한 문제로 불편한 감정을 드러냈기 때문이다.
* 내가 예민해서 트집 잡은 것이기 때문이다.
* 제때 말하지 않고 이제 와서 불만을 표시한 건 사실이기 때문이다.
* 근본적으로 원인 제공을 한 나 때문에 수영이가 짜증내며 나가버린 결과가 발생했다.

이 생각이 모두 옳진 않아. 왜냐하면……

* 나는 불편한 감정을 표현할 권리가 있다. 그것을 표현하되 비난하거나 탓하지 않았다.
* 그래도 수영이가 감정이 상했다면, 내 말을 부정적으로 해석한 수영이의 책임도 있다.
* 수영에게는 선택권이 있었다. 내 말을 꼭 부정적인 의미가 아닌 다른 방식으로 해석할 여지가 있었지만 선택하지 않았고, 나를 비난하면서 공격적인 행동으로 반응하지 않아도 되지만 그렇게 했다.
* 수영이의 상처받은 감정과 공격적인 행동에 대한 책임은 1차적으로 문제에 엮인 나(10%)에게도 있겠지만 근본적으로 수영이 자신(60%)에게 있다. 불편했던 감정을 드러내는 상황 자체가 유쾌하지 않은 대화이기도 하고(10%), 현재 수영이가 겪고 있는 업무 스트레스(20%) 또한 일정 부분의 책임을 나눌 수 있다.

② 효용성

수영이의 감정과 행동을 모두 내 탓으로 돌리는 생각은 만에 하나 옳다 하더라도 내게 도움이 되지 않는다. 이것은 끝없는 자기 공격적인 생각으로 이어지고 우울감과 죄책감이라는 감정적 비용이 발생한다. 내 감정 상태가 타인에게 의존하게 되고 내 곁에 아무도 없다는 생각에 외로워진다. 스트레스로 잠을 잘 못 자거나 불규칙한 식사를 하는 등 건강 상태와 생활 패턴이 망가져 직장에도 영향을 미친다. 다른 행동에 미치는 영향도 크다. 소통을 단절하면서 소셜 미디어에 빠지는 시간이 길어지고 질투와 자괴감의 감정을 느낀다. 충동구매로 필요 없는 물건을 사기도 한다. 관계 자체를 피하게 되면서 다른 친구도 잃을 위험이 있다. 스스로 소통의 기술을 연습할 기회를 차단한다. 결국 자신감이 계속 떨어지면서 다방면으로 '손해 보는' 상황이 적어도 2주간 이어진다. 직간접적인 손실과 '복구 비용'까지 합해 이 생각의 '비용 청구서'를 산출해 보면 적어도 200만 원 이상의 손해를 끼치는 것 같다.

③ 입장 바꾸기

(만약 민정과 수영 사이의 일이었다면 자책하는 민정에게 할 수 있는 말) 너도 감정을 표현할 권리가 있어. 너는 최선을 다했으니 모두 네 탓은 아니야. 수영이도 너의 말을 다르게 해석했다면 그렇게 속상하진 않았을 거야. 설령 속상했다 하더라도 다른 방식으로 행동할 수 있었어. 그런 생각과 행동을 선택한 것도 수영이의 몫이야.

④ 조감도

다른 친구의 말로는 수영이 현재 업무 스트레스로 예민해져 있고 가족과 다툼이 잦다고 한다. 생각해 보면 최근 수영이의 태도는 나에게만 공격적이었던 것이 아니었다. 또 그간 수영이와의 관계에서 나는 맞춰주고 하소연을 들어주는 역할로 굳어져 있었다. 나의 수동적인 행동에 익숙해진 수영의 입장에선 내 변화가 갑작스럽거나 나에 대한 기대가 깨졌다고 생각할 수도 있다.

⑤ 순간 이동과 타임머신

우리는 모두 힘든 시기를 거치고 있다. 우리가 처한 상황이 달랐다면 옛날처럼 농담을 주고받으며 유연하게 대응했을 것이다. 70대의 나는, '지금 이 생각이 모두 맞고 이 고통이 내게 전부이며 영원할 거라 믿어도, 살아보니 그렇지 않더라'는 말을 해줄 것 같다. 삶의 긴 여정이 끝나갈 때, 30대의 나에게 가장 중요하고 가치 있는 것을 먼저 돌보라고 말해줄 것이다. 또 나답게 삶을 살기 위한 과정에서 실수해도 된다고, 시도하지 않는 나보다 용기를 낸 나에게 잘했다고 해줄 것이다. 관계는 가까워졌다 멀어졌다 다시 가까워질 수 있는 거라고, 관계의 거리도 내가 선택할 수 있는 것이라고 말해줄 것 같다. 모두 내 탓이라는 말은 내 안의 상처받은 아이가 안아 달라고 보채는 소리일 뿐 그 말의 내용이 모두 맞는 것은 아니라고, 지금은 위안이 필요한 만큼 스스로 안아주는 것이 중요하다고 말해주고 싶다. 여섯 살의 나는 엄마의 기분을 상하게 하지 않기 위해 내 탓을 하고 잘못을 빌었지만 30대의 나는 이제 그러지 않아도 된다고, 더 많은 것을 선택할 수 있고 더 강하다는 말을 해주고 싶다.

3단계:
결과 다시 해석하기

오답노트의 마지막 단계는 질문에 대한 답을 정리해서 결과를 다시 해석하는 것이다. 앞의 5가지 질문에 답해 본 후에 지현은 어떤 결론에 도달했을까? 각 단계를 거치며 얻은 결론은 무엇인지, 어떤 대안을 선택하면 좋을지 생각해 보자.

"다 나 때문인 건 아니에요. 저는 최선을 다했지만 늘 원하는 대로 되는 건 아니니까요. 안타깝지만 수영이가 소통할 준비가 되어 있지 않은 것 같기도 해요. 수영이의 감정은 수영이 것이고 결국은 자신이 책임져야 하는 거겠죠. 계속 나 자신을 공격하면 죄책감을 느끼고 자존감이 떨어질 거예요. 한 번 데이고 난 후라 소통에 대한 자신감이 없어 더 움츠러들고 계속 수동적으로 행동하게 된다면 나 자신과 대인 관계에 도움이 되지 않아요. 생각대로 되지 않을 때도 나 자신을 몰아세우지 말아야겠다는 것을 배웠어요. 수영이와 나는…… 건강한 관계를 위해서 건강한 거리도 잠시 필요한 것 같아요. 가까운 사이에도 사이는 필요하니까요. 하지만 수영이가 다가온다면 언제든 다시 이야기를 나눌 준비가 되어 있어요."

결론과 대안: 생각을 거치며 얻은 결론은 무엇인가? 어떤 대안을 선택하면 좋을까?
1. 결론: 무엇이 가장 균형 있고 도움이 되는 생각인지 결론에 도달해 보자. 수영이의 생각, 감정, 행동을 모두 내 탓으로 돌리는 것은 타당하지도 않고 도움이 되지도 않는다. 이 생각은 내가 겪은 과거의 상처로 인해 마음의 관성을 따르는 습관적인 생각에 가깝다. 누군가를 탓하며 비난하는 것은 도움이 되지 않는다. 궁극적으로 자신의 생각, 감정과 행동의 주체는 자신이며 그에 따른 책임을 진다. 나는 최선을 다했지만 원치 않는 결과가 따르기도 한다. 이것은 내가 완전히 통제할 수 있는 영역이 아니다. **2. 대안: 필요한 것과 원하는 것은 무엇일까? 나에게 가장 도움이 되는 선택을 할 수 있다면 무엇일까? 비록 부정적인 결과였지만 앞으로 개선할 점과 배울 점이 있다면 무엇일까?** 소통의 문을 언제나 열어두겠지만 한동안 거리 조절을 위해 시간을 가지고 싶다. 수영이에게 연락이 온다면 이 말을 다정하면서도 단호하게 전달할 것이다.

차근차근 소통의 기술을 다져온 지현은 이제 약간의 빈틈을 보이기도 하고 자신의 마음을 조금씩 표현하면서도 미래에 대한 걱정으로 불안해하거나 과거의 일을 자책하며 우울해하지 않는다. 그녀는 이제 불필요하거나 지나치게 경직된 삶의 규칙을 스스로 알아채고 깨뜨리면서 실은 그렇게 완벽하거나 애쓰지 않아도 '이 정도면 괜찮은 자신'을 토닥인다. 그리고 자신에게 충분히 견뎌낼 내면의 힘이 있다는 것을 믿게 되었다. 그렇게 적당량의 시련을 단계적으로 극복하는 과정에서 어른 아이는 어른으로 성장한다.

우리는 하던 대로 생각하고 느끼고 행동하기 쉽다. 생각도 습관이고 감정도 습관이고 행동도 습관이다. 몇십 년간 굳어진 방식은 마음의 관성이 되어 이를 단기간에 되돌리는 것은 불가능하다. 피아노를 처음 배우는 사람이 일주일에 한 번씩 몇 달 레슨을 받는다고 피아니스트처럼 능숙하게 칠 수 있을까? 더구나 따로 연습하는 시간이 없다면 실력 향상은 크게 기대할 수 없고, 한 번 굳어진 잘못된 연주 습관은 고치기도 힘들다. 소통의 기술도 마찬가지다. 새롭게 터득한 소통 기술을 다지기 위해서는 시행착오를 통한 배움과 지속적인 연습이 필요하다. 실수해도 되고 느려도 괜찮다. 자신을 다그치지 말고 각자 자신의 속도에 맞추어 믿고 기다려주는 인내가 필요하다. 사랑은 기다려주는 것이다.

1. 간보기와 다지기는 우리가 '자신에 대해서 가장 깊게 이해하는 전문가'가 되어 자신과 관계, 그리고 삶에 대해 재발견하는 변화의 과정이다. 마지막 자기 돌봄의 과제는 지금까지 배웠던 모든 소통 테크닉을 종합하여 간보기로 테스트해 보고 다지기로 연습하는 것이다. 앞에서 살펴본 지현의 사례와 사다리표를 참고하여 각자 시작할 수 있는 다지기 사다리표를 만들어 보자. 일주일에 한 단계씩 연습해도 좋고, 좀 더 연습이 필요한 부분은 반복하면서 자신의 속도에 맞춰 연습한다.

난이도	다지기 과제	과제 수행 후 덧붙일 내용
30		불안수치 전: %중: %후: %

2. 시작하기 두려운 과제가 있다면 따로 떼어 간보기 연습지를 작성해 본다. 가장 중요한 부분은 마지막 단계에서 결과를 해석하고 배울 점을 찾는 과정이다. 노련한 사람조차 실수할 수 있고 생각대로 과제가 진행되지 않을 때도 있다. 이때는 오답노트를 작성해서 시행착오를 통해 배울 수 있는 점을 꼭 짚어준다.

① 소통 레시피 계획하기

소통 레시피 계획하기(언제, 어디서, 누구에게, 무엇을, 어떻게 할 것인가?)
소통 레시피 작성하기(기존 소통 습관 → 새로운 대안)
* 기존 레시피   * 새로운 레시피

② 걱정과 두려움 들여다보기

걱정과 두려움 들여다보기: 할 말을 하는 것이 두렵다면 어떤 걱정이 있는지 적어 보자.

③ 결과 관찰하기

결과 관찰하기: 걱정했던 일이 일어났을까? 각 걱정에 대한 결과를 관찰하고 적어 보자.

④ 결과 해석하기

결과 해석하기: 이 결과를 어떻게 해석할 수 있을까?.
1. 내가 걱정했던 상황이 실제로 일어났는가? 그렇다면 나의 걱정에 대해 배운 점은 무엇일까?
2. 두려움에 대해서 배운 점은 무엇인가? 과정별 불안감의 변화는 어떠했나? 간보기 전 ____% 간보기 중 ____% 간보기 후 ____% (최대 100%)
3. 나 자신과 나의 대응 능력에 대해 배운 점은 무엇인가?
4. 그 외에 배운 점이 있다면?

3. 용기를 내어 '간보기'로 시도했지만 부정적인 결과가 발생했을 때 '내가 이럴 줄 알았어' 같이 생각하며 다시 기존의 소통 습관으로 돌아가기 쉽다. 결과는 부정적이었지만 그렇다고 해석이 반드시 부정적일 필요는 없다. 자신을 공격하는 대신 격려하고 응원하는 목소리에 귀를 기울이기 위해서 오답노트를 통해 배울 점을 찾아보자.

① 마음 읽어주기

상황: 언제, 어디서, 누구와, 무슨 일이 있었는지 상황을 객관적으로 묘사해 보자.

감정: 그때 기분이 어땠는지, 얼마나 힘들었는지 감정을 들여다보자.

1. 마음의 신호인 감정과 몸의 감각에 집중해서 감정의 이름을 불러주고 그 정도를 측정해 본다. 감정 단어 사전을 참고하거나 몸의 반응에 집중에 감정 단어를 찾는다.

감정 1 ________(%) 감정 2 ________(%) 감정 3 ________(%)
감정 4 ________(%) 감정 5 ________(%) 감정 6 ________(%)

2. 나의 감정을 가장 가깝게 표현하는 색을 골라 각 수치를 그래프에 칠해 보자.

감정 1
감정 2
감정 3
감정 4
감정 5
감정 6

3. 몸의 어느 분위에서 어떤 반응을 느꼈는가? 몸의 각 부위에서 일어나는 반응에 세심하게 주의를 기울여 느껴보고 어떤 감정이 관련 있는지 연결해 보자.

몸의 반응 1 ______________________ : ________
몸의 반응 2 ______________________ : ________
몸의 반응 3 ______________________ : ________
몸의 반응 4 ______________________ : ________
몸의 반응 5 ______________________ : ________
몸의 반응 6 ______________________ : ________

생각: 그렇게 느꼈을 때 어떤 생각이 떠올랐는지 적어 보자.
감정 뒤에 숨어 있는 생각을 읽어주기 위해서 서두르지 않고 마음의 소리를 경청하고 기록한다. 생각 1: 생각 2: 생각 3: 생각 4: 생각 5: 생각 6:

② 2단계: 질문하기

생각 따져 보기: 가장 마음을 괴롭히는 생각은 무엇인지 골라서 적어 보자.
5가지 질문에 하나씩 답해 보면서 이 생각이 얼마나 타당하고 도움이 되는 생각인지 따져 보자.
1. 타당성 이 생각은 사실일까, 의견일까? 타당한 생각일까? 그렇다면 그 이유는 무엇이고, 아니라면 이를 뒷받침할 만한 이유는 무엇일까? 이 생각에 오류가 있다면 무엇일까? **2. 효용성** 이 생각이 완전히 타당하거나 일부 타당하다고 가정해 보자. 하지만 이런 생각이 내게 어떤 영향을 주게 될까? 이러한 생각에 몰두한다면 내가 얻는 이득은 무엇이고 또 부작용은 무엇일까? **3. 입장 바꾸기** 다른 친구가 나와 똑같은 상황에 처했다면, 나는 그 친구에게 무슨 말을 해줄 수 있을까? **4. 조감도** 높게 날아 넓게 보는 새가 되어 보자. 전체적인 배경과 문맥을 고려해서 이 상황을 다른 시각으로 바라본다면 어떨까? **5. 순간 이동과 타임머신** 때와 장소가 달랐다면 과연 지금과 똑같은 생각을 하게 될까?

③ 3단계: 다시 해석하기

결론과 대안: 생각을 거치며 얻은 결론은 무엇인가? 어떤 대안을 선택하면 좋을까?
1. 결론 무엇이 가장 균형 있고 도움이 되는 생각인지 결론에 도달해 보자.
2. 대안 필요한 것과 원하는 것은 무엇일까? 나에게 가장 도움이 되는 선택을 할 수 있다면 무엇일까? 비록 부정적인 결과였지만 앞으로 개선할 점과 배울 점이 있다면 무엇일까?

나를 지키는 관계가 먼저입니다

2023년 7월 20일 초판 1쇄 | 2023년 9월 27일 14쇄 발행

지은이 안젤라 센
펴낸이 박시형, 최세현

책임편집 강소라
마케팅 권금숙, 양근모, 양봉호, 이주형 **온라인홍보팀** 최혜빈, 신하은, 현나래
디지털콘텐츠 김명래, 최은정, 김혜정 **해외기획** 우정민, 배혜림
경영지원 홍성택, 김현우, 강신우 **제작** 이진영
펴낸곳 (주)쌤앤파커스 **출판신고** 2006년 9월 25일 제406-2006-000210호
주소 서울시 마포구 월드컵북로 396 누리꿈스퀘어 비즈니스타워 18층
전화 02-6712-9800 **팩스** 02-6712-9810 **이메일** info@smpk.kr

ISBN 979-11-6534-772-7 (03190)